ARRÊTÉ

CONTENANT

RÈGLEMENT SUR LES POURSUITES

EN MATIÈRE

DE CONTRIBUTIONS DIRECTES

Dans la ville de Paris.

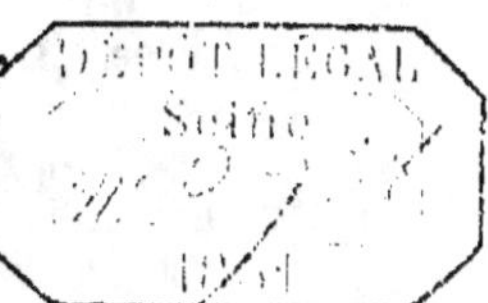

Nous, Représentant du peuple, préfet du département de la Seine,

Vu l'article 73 de la loi des finances du 25 mars 1817, et l'article 51 de celle du 15 mai 1818, portant que les préfets sont autorisés à faire, dans leurs départements respectifs, des arrêtés réglementaires sur les frais de poursuites à exercer pour le recouvrement des contributions directes, sauf à faire approuver ces arrêtés par le gouvernement;

Vu le règlement général sur les poursuites, du 21 décembre 1839, rédigé pour servir de base auxdits arrêtés préfectoraux ;

Avons arrêté et arrêtons le Règlement ci-après, pour être mis à exécution dans la ville de Paris :

PREMIÈRE PARTIE.

OBLIGATIONS DES REDEVABLES ET DROITS DES RECEVEURS-PERCEPTEURS ANTÉRIEUREMENT AUX POURSUITES.

Art. 1er. Les contributions directes sont payables en douze portions égales dont chacune est exigible le premier de chaque mois, pour le mois précédent (1).

Art. 2. La totalité de la patente des marchands forains, colpor-

---

(1) En ce qui concerne la contribution des patentes, la loi du 25 avril 1844, article 24, porte ce qui suit : « Dans le cas où le rôle n'est émis que postérieurement au 1er mars, les douzièmes échus ne sont pas immédiatement exigibles : le recouvrement en est fait par portions égales, en même temps que celui des douzièmes non échus. »

1

teurs et marchands vendant en ambulance, échoppe ou étalage, ainsi que de tous autres patentables dont la profession n'est pas exercée à demeure fixe, est payable au moment de la délivrance de la patente, conformément aux articles 70 de la loi du 25 mars 1817, et 24 de la loi du 25 avril 1844 (1).

Art. 3. En cas de déménagement hors du ressort de la perception, comme en cas de décès, de faillite et de vente volontaire ou forcée, la contribution personnelle et mobilière est immédiatement exigible pour la totalité de l'année courante. (Loi du 21 avril 1832, art. 21 et 22.)

La taxe des patentes est également exigible immédiatement, pour la totalité de l'année courante, en cas de déménagement hors du ressort de la perception ou en cas de vente volontaire ou forcée. (Loi du 25 avril 1844, art. 25.)

Si le contribuable ne quitte pas le ressort de la perception, il n'est tenu qu'au payement des douzièmes échus, à charge par lui de justifier que les garanties du trésor sur son mobilier ne seront pas diminuées par le fait de son déménagement.

En cas de fermeture des magasins, boutiques et ateliers, par suite de décès ou de faillite déclarée, la contribution des patentes n'est due que pour le passé et le mois courant. Sur la réclamation des parties intéressées, il sera accordé décharge du surplus de la taxe. (Loi du 25 avril 1844, art. 23.)

Art. 4. Les héritiers ou légataires peuvent être poursuivis solidairement, et un pour tous, à raison des contributions de ceux dont ils ont hérité ou auxquels ils ont succédé, tant que la mutation n'a pas été opérée sur le rôle, à moins qu'ils n'aient fait un acte de renonciation en forme et qu'ils n'en justifient. (Loi du 3 frimaire an VII, art. 36.)

Art. 5. Les receveurs des communes, hospices et autres établissements publics sont tenus au payement des contributions dues par ces communes ou établissements. Les quittances des receveurs-percepteurs leur seront allouées en compte.

Art. 6. Les contribuables en réclamation n'en sont pas moins tenus de payer les termes échus au jour du dépôt de leur demande et les termes qui viendront à échoir pendant les trois mois qui suivront ce dépôt. (Loi du 21 avril 1832, art. 28.)

---

(1) Art. 70 de la loi du 25 mars 1817 : « Les marchands vendant en ambulance, échoppe ou étalage dans les lieux de passage, places publiques, marchés des villes et communes, des marchandises autres que des comestibles, seront pareillement tenus d'acquitter, au moment de la délivrance, le montant total de la patente à laquelle ils sont assujettis par la disposition finale du nombre 10 de l'article 29 de la loi du 1er brumaire an 7. »

Art. 24 de la loi du 25 avril 1844 : « Les marchands forains, les colporteurs, les directeurs de troupes ambulantes, les entrepreneurs d'amusements et jeux publics non sédentaires, et tous autres patentables dont la profession n'est pas exercée à demeure fixe, sont tenus d'acquitter le montant total de leur côte au moment où la patente leur est délivrée. »

Art. 7. Nul fonctionnaire n'a le droit de surseoir au recouvrement des contributions directes ni aux poursuites qui ont ce recouvrement pour objet ; seulement, lorsqu'il est constaté que des contribuables ont éprouvé des pertes résultant d'événements désastreux qui les ont mis dans l'impossibilité de payer, le préfet en informe les receveurs-percepteurs, afin de prévenir les poursuites pour des contributions qui devraient être définitivement couvertes par le fonds de non-valeurs.

Art. 8. Les receveurs-percepteurs ont seuls titre pour effectuer et poursuivre le recouvrement des contributions directes appartenant au trésor public, et celui de toutes les contributions locales et spéciales établies dans les formes voulues par la loi.

Art. 9. Les receveurs-percepteurs ne peuvent exiger aucune somme des contribuables, s'ils ne sont porteurs d'un rôle confectionné par le directeur des contributions directes, rendu exécutoire par le préfet et publié dans la forme légale.

Ils doivent, pour l'imputation des sommes qui leur sont versées, se conformer aux indications des contribuables, après toutefois le prélèvement des frais faits, et sous la réserve des poursuites qu'il y aurait lieu d'exercer pour les articles sur lesquels il existerait des retards.

Art. 10. Immédiatement après la publication des rôles, le receveur-percepteur est tenu de faire parvenir aux contribuables les avertissements dressés par le directeur des contributions.

Le prix de ces avertissements étant compris dans les rôles et payable comme les contributions, le receveur-percepteur ne peut rien demander de plus aux contribuables, soit pour les avertissements, soit pour les frais de leur remise.

Art. 11. Le privilége attribué au trésor public et aux receveurs-percepteurs agissant en son nom, pour le recouvrement des contributions directes, s'exerce avant tout autre, même avant celui du propriétaire pour ses loyers.

Il est réglé ainsi qu'il suit :

1° Pour l'année échue et l'année courante de la contribution foncière, tant en principal qu'en centimes additionnels et supplémentaires, sur les récoltes, fruits, loyers et revenus des biens immeubles sujets à la contribution ;

2° Pour l'année échue et l'année courante des autres contributions directes générales et spéciales, sur tous les meubles et effets mobiliers appartenant aux redevables, en quelque lieu qu'ils se trouvent.

L'acquéreur d'une propriété doit, en conséquence du privilége ci-dessus, s'assurer si les contributions imposées sur cette propriété ont été payées jusqu'au jour de la vente.

Cette obligation existe également pour tous adjudicataires d'immeubles vendus par autorité de justice.

Art. 12. Le privilége attribué au trésor pour le recouvrement des contributions directes ne préjudicie point aux droits qu'il peut exercer sur les biens des redevables comme tout autre créancier. (Loi du 12 novembre 1808.)

Art. 13. Lorsqu'il y a lieu à l'expropriation forcée des immeubles des redevables, elle n'est poursuivie qu'avec l'autorisation du ministre des finances, sur la proposition du receveur central et l'avis du préfet.

Art. 14. Tous fermiers et locataires sont tenus de payer, à l'acquit des propriétaires ou usufruitiers, la contribution des biens qu'ils tiennent à ferme ou à loyer, et peuvent être poursuivis comme les propriétaires eux-mêmes.

Les propriétaires ou usufruitiers sont tenus de recevoir les quittances du montant de cette contribution sur le prix des fermages et loyers, à moins que les fermiers ou locataires n'en soient chargés par le bail.

Art. 15. Les propriétaires peuvent, dans les limites et sous les conditions fixées par l'article 6 de la loi du 4 août 1844, déléguer le payement de l'impôt foncier à leurs fermiers ; toutefois, ils n'en restent pas moins soumis solidairement aux poursuites des receveurs-percepteurs, lorsque l'intérêt du recouvrement l'exige (1).

Art. 16. Tous receveurs, agents, économes, notaires, commissaires-priseurs et autres dépositaires et débiteurs de deniers provenant du chef des redevables et affectés au privilége du trésor, sont tenus, sur la demande qui leur en est faite par le receveur-percepteur, de payer à l'acquit des contribuables, sur le montant et jusqu'à concurrence des fonds qu'ils doivent ou qui sont entre leurs mains, les contributions dues par ces derniers.

Les commissaires-priseurs, huissiers, notaires, séquestres et autres dépositaires publics de deniers, ne doivent, sous leur responsabilité, remettre aux ayants droit les sommes qui sont entre leurs mains, que sur la justification du payement des contributions dues par les personnes du chef desquelles lesdites sommes sont provenues ; ils sont même autorisés à payer directement les contributions qui se trouveraient dues, avant de procéder à la délivrance des deniers, et les quittances desdites contributions leur seront passées en compte (2). (Lois des 5-18 août 1791 ; 12 novembre 1808 ; 18 juin 1843, art. 1er.)

Art. 17. Les propriétaires et principaux locataires des maisons sont obligés, un mois au moins avant l'époque du déménagement de leurs locataires ou sous-locataires, de prévenir de ce déména-

---

(1) L'art. 6 de la loi du 4 août 1844 n'a eu pour but que de régler une mesure d'ordre ; il ne porte aucune atteinte à la responsabilité des propriétaires et ne change en rien les principes de la législation en matière d'impôt. (Rapport fait à la chambre des députés, le 16 juillet 1844.)

(2) Voir ci-après, art. 96.

gement le receveur-percepteur (modèle n° 1) et de retirer de lui une reconnaissance par écrit de cet avis (modèle n° 2), sous peine de demeurer responsables des contributions mobilière et des patentes que lesdits locataires ou sous-locataires peuvent devoir. Toutefois, pour la contribution des patentes, la responsabilité est limitée au dernier douzième échu et au douzième courant. (Lois du 21 avril 1832, art. 22, et du 25 avril 1844, art. 25.)

Si le receveur-percepteur refuse de recevoir la déclaration à l'époque prescrite et d'en délivrer une reconnaissance, le propriétaire ou principal locataire a la faculté de la porter devant le maire ou le juge de paix de l'arrondissement dans lequel la taxe est ouverte, et d'en prendre acte.

Art. 18. Dans le cas de déménagement furtif, les propriétaires et, à leur place, les principaux locataires sont responsables des termes exigibles des contributions de leurs locataires, si, dans les trois jours, ils n'ont pas fait constater ce déménagement par le maire, le juge de paix ou le commissaire de police. Toutefois, pour la contribution des patentes, la responsabilité est limitée au dernier douzième échu et au douzième courant. (Mêmes lois qu'à l'article précédent.)

La remise au receveur-percepteur d'une expédition du procès-verbal de déménagement furtif, dressé dans le délai voulu, dispense le propriétaire ou principal locataire de toute garantie, si la remise est prouvée par une reconnaissance du receveur-percepteur. (Modèle n° 3.)

En cas de refus de la part de ce dernier, le dépôt du certificat sera fait à la préfecture de la Seine où il en sera donné un reçu.

Le receveur-percepteur exerce son privilége sur les meubles enlevés partout où ils se trouvent, conformément à l'article 11 ci-dessus.

Art. 19. Si le recours en garantie est exercé ultérieurement par le receveur-percepteur, le propriétaire ou le principal locataire, qui a rempli les formalités prescrites par l'article précédent, se pourvoit en décharge de garantie par une réclamation accompagnée de l'un des actes exigés, et adressée au préfet, qui statue.

Art. 20. Dans tous les cas, et nonobstant toute déclaration de leur part, les propriétaires ou principaux locataires demeurent responsables de la contribution mobilière des personnes logées par eux en garni. (Loi du 21 avril 1832, art. 23.)

Art. 21. Les droits et priviléges attribués au trésor public pour le recouvrement des contributions directes s'étendent au recouvrement des frais de poursuites dûment taxés.

Art. 22. Les receveurs-percepteurs qui ont laissé passer trois années, à compter du jour où les rôles leur ont été remis, sans faire de poursuites contre un contribuable, ou qui, après avoir commencé des poursuites, les ont abandonnées pendant trois ans, sont déchus de leurs droits. Passé ce délai, toutes poursuites leur sont interdites. (Loi du 3 frimaire an VII, art. 149 et 150; arrêté du 16 thermidor an VIII, art. 17.)

Art. 23. Les réclamations concernant la perception des contributions directes et les poursuites auxquelles cette perception donne lieu, sont portées devant le conseil de préfecture ou les tribunaux ordinaires, suivant qu'il s'agit de poursuites administratives ou judiciaires, et, dans ce dernier cas, après qu'il en a été référé au préfet. (Loi du 5 novembre 1790, et avis du conseil d'Etat du 28 août 1823 (1).)

POURSUITES.

Art. 24. Le contribuable qui, le premier du mois, n'a pas acquitté le douzième échu pour le mois précédent, est dans le cas d'être poursuivi. Toutefois, lorsqu'un contribuable se trouve dans un état d'insolvabilité évidente, il convient, à quelque époque que cette insolvabilité soit reconnue, de surseoir aux poursuites, qu'elles soient ou qu'elles ne soient pas commencées. Il est procédé à la constatation de cette insolvabilité, conformément aux articles 82 et 83 du présent règlement.

Art. 25. Le receveur-percepteur ne peut commencer les poursuites avec frais, qu'après avoir prévenu le contribuable retardataire par une sommation gratis. (Modèle n° 4.) (Loi du 15 mai 1818, art. 51.)

Cette sommation gratis est donnée au domicile du redevable, s'il réside dans la ville; s'il n'y réside pas, elle est remise à son principal fermier, locataire ou régisseur, et, à défaut, à la personne qui le représente. Elle doit être remise huit jours avant le premier acte de poursuites qui donne lieu à des frais, et elle n'est renouvelée que lorsque le contribuable, après s'être libéré, en totalité, des sommes exigibles, devient débiteur de nouveaux douzièmes.

Art. 26. La date des sommations sans frais, des contraintes comminatoires (modèle n° 5) et des avis officieux adressés aux contribuables doit toujours être constatée sur le rôle.

Art. 27. A partir de la garnison inclusivement, aucun acte de poursuites ne peut être fait qu'en vertu d'une contrainte décernée par le receveur-percepteur et visée par le préfet.

Art. 28. Les poursuites comprennent sans division, mais seulement avec distinction de la dette relative à chaque exercice, toutes les sommes dues par le même contribuable dans l'arrondissement de perception. Chaque acte en présente le bordereau séparé.

---

(1) Voir à la fin du présent règlement, page 124.

DEUXIÈME PARTIE.

AGENTS DE POURSUITES.

Art. 29. Le corps des agents de poursuites dans le département de la Seine, se compose :

1° De porteurs de contraintes administratives ;
2° De porteurs de contraintes judiciaires ;
3° De suppléants ;
4° De garnisaires.

Ils sont nommés en nombre proportionné aux besoins du service, par le préfet, sur la proposition du receveur central, et prêtent serment devant le secrétaire général de la préfecture.

Ils doivent être âgés de trente-cinq ans au plus, au moment de leur nomination comme suppléants.

Néanmoins, pourront être admis jusqu'à l'âge de quarante-cinq ans les anciens employés de la recette centrale et des perceptions du département.

Art. 30. Les porteurs de contraintes administratives sont employés pour la distribution des sommations sans frais, des contraintes comminatoires, des sommations avec frais et des bulletins de garnison collective. Ils peuvent aussi être chargés d'exercer la garnison individuelle.

Ils ont qualité pour dresser les procès-verbaux d'insolvabilité, en conformité des articles 24 et 82 du présent règlement.

Ils sont chargés de la distribution des premiers avertissements.

Art. 31. Les porteurs de contraintes judiciaires sont chargés de dresser et de signifier tous les actes prévus par le présent règlement, à partir du commandement inclusivement. Ils sont aussi appelés à dresser les procès-verbaux d'insolvabilité.

Art. 32. Les porteurs de contraintes suppléants sont chargés, dans le département de la Seine, de remplacer par intérim les titulaires absents ou empêchés ; ils peuvent aussi être appelés, temporairement, à exercer concurremment avec ceux-ci, lorsque les besoins du service l'exigent.

Art. 33. Les garnisaires sont employés exclusivement pour l'exécution de la garnison individuelle ; ils sont choisis parmi d'anciens militaires appartenant à l'hôtel des invalides, et doivent se présenter en uniforme au domicile des contribuables chez lesquels ils sont placés.

Art. 34. Les agents de poursuites sont tous, indistinctement, tenus de distribuer les avis officieux aux redevables et généralement de faire, d'après les instructions qu'ils reçoivent des receveurs-percepteurs, toutes démarches, de prendre tous renseignements qui peuvent être jugés utiles dans l'intérêt du recouvrement de l'impôt.

Art. 35. L'ordre de service des agents de poursuites est réglé par le receveur central, qui les envoie sur les différents points du département où les besoins du service peuvent réclamer leur présence. Il est donné connaissance au préfet des dispositions prises, à cet égard, en ce qui concerne les agents de poursuites judiciaires.

Les porteurs de contraintes exercent sous la direction et la surveillance immédiate des receveurs-percepteurs, qui rendent compte au receveur central de tous les faits, relatifs à la conduite de ces agents, qui seraient de nature à exiger une répression quelconque.

Art. 36. Aucun des individus attachés au service des autorités administratives, du receveur central ou des receveurs-percepteurs, ne peut remplir les fonctions de porteur de contraintes ou de garnisaire.

Art. 37. Les porteurs de contraintes doivent, dans l'exercice de leurs fonctions, être munis de leur commission (modèles n°s 6 et 7); ils la mentionnent dans leurs actes et la représentent quand ils en sont requis.

Art. 38. Les porteurs de contraintes ne sont pas assujettis au droit de patente; ils ne jouissent d'aucun traitement fixe.

Art. 39. Les porteurs de contraintes administratives, les porteurs de contraintes judiciaires et les suppléants sont révoqués ou mis à la réforme par le préfet, sur la proposition du receveur central.

Ce comptable peut aussi les suspendre ou leur infliger des amendes à titre de mesure disciplinaire. Lorsque la suspension doit excéder un mois, il en est rendu compte au préfet. Les amendes ne peuvent être moindres de trois francs ni supérieures a vingt-cinq.

Art. 40. Il sera formé un fonds de secours au profit :

1° Des agents de poursuites du département de la Seine qui seraient ou auraient été réformés à raison de leur âge ou de leurs infirmités ;

2° Des veuves et des orphelins des agents de poursuites qui auraient appartenu à ce département.

Ce fonds de secours sera alimenté au moyen de retenues exercées sur le salaire des agents, et du produit des amendes qu'ils auront encourues.

Les bases d'après lesquelles les retenues seront opérées, le mode de répartition des fonds et autres mesures d'exécution seront réglés par un arrêté du préfet, concerté avec le receveur central et approuvé par le ministre des finances.

Art 41. Au commencement de chaque mois, il est procédé de la manière suivante au payement du salaire des porteurs de contraintes :

Les frais qu'ont produits, pendant le mois précédent, les poursuites administratives dans chaque arrondissement de perception, sont divisés par moitié.

La première moitié est allouée aux agents qui ont exercé ces poursuites. Les suppléants sont traités sur le même pied que les titulaires, mais seulement en raison du temps pendant lequel ils ont été employés.

La seconde moitié forme un fonds commun qui est distribué,

par portions égales, entre tous les porteurs de contraintes administratives, soit titulaires, soit suppléants.

Les frais de poursuites judiciaires appartiennent aux agents qui ont fait les actes, et leur sont payés après la taxe.

Les agents chargés de la distribution des premiers avertissements ont droit aux deux centimes alloués aux receveurs-percepteurs pour chacun de ces avertissements.

Art. 42. Les porteurs de contraintes et garnisaires ne peuvent, dans aucun cas, ni sous aucun prétexte, recevoir aucune somme des receveurs-percepteurs ou des contribuables pour leur salaire ou pour les contributions, à peine de destitution.

Les receveurs-percepteurs qui leur remettraient des fonds en resteraient responsables, et les contribuables qui payeraient entre leurs mains, s'exposeraient à payer deux fois.

Art. 43. Les porteurs de contraintes judiciaires, soit titulaires, soit suppléants, sont assujettis à tenir un répertoire (modèle n° 8), coté et paraphé par le préfet et visé gratuitement pour timbre par le receveur de l'enregistrement. Ils y portent tous les actes de leur ministère sujets au timbre et à l'enregistrement, même lorsqu'ils doivent être enregistrés gratis, sous peine d'une amende de cinq francs pour chaque omission.

Indépendamment des détails prescrits par l'article 50 de la loi du 22 frimaire an VII (1), ce répertoire doit contenir, dans une colonne distincte, le coût de chaque acte, d'après les fixations arrêtées par le préfet. Dans les dix premiers jours de chaque trimestre, ce répertoire est présenté au receveur de l'enregistrement pour être revêtu de son visa. Le porteur de contraintes qui diffère cette présentation, est puni d'une amende de dix francs pour chaque dizaine de retard.

Les porteurs de contraintes sont tenus, en outre, de communiquer leur répertoire à toute réquisition aux préposés de l'enregistrement qui se présentent chez eux pour le vérifier, à peine d'une amende de 50 fr., en cas de refus.

Ils le communiquent aux receveurs-percepteurs, au receveur central, au préfet et aux inspecteurs des finances en tournée, toutes les fois qu'ils en sont requis.

Ils doivent, en outre, s'assurer, à la fin de chaque mois, qu'il est en concordance avec celui que tiennent eux-mêmes les receveurs-percepteurs. (Modèle n° 9.)

Art. 44. En cas d'injure ou de rébellion contre les agents de poursuites, ceux-ci se retirent devant le commissaire de police, pour en dresser procès-verbal. Ce procès-verbal est enregistré et envoyé au préfet, lequel défère le fait aux tribunaux s'il y a lieu.

---

(1) Art. 50 de la loi du 22 frimaire an 7 : « Chaque article du répertoire contiendra : 1° son numéro ; 2° la date de l'acte ; 3° sa nature ; 4° les noms et prénoms des parties et leur domicile ; 5° l'indication des biens, leur situation et le prix, lorsqu'il s'agira d'actes qui auront pour objet la propriété, l'usufruit ou la jouissance de biens-fonds ; 6° la relation de l'enregistrement. »

TROISIÈME PARTIE.

MOYENS ET DEGRÉS DE POURSUITES.

Art. 45. Les degrés de poursuites sont établis ainsi qu'il suit, savoir :

Poursuites administratives.	1er degré. — Sommation avec frais. 2e degré. — Garnison collective ou individuelle.
Poursuites judiciaires.....	3e degré. — Commandement. 4e degré. — Saisie. 5e degré. — Vente.

PREMIER DEGRÉ DE POURSUITES. — *Sommation avec frais.*

Art. 46. Les poursuites par voie de sommation avec frais sont employées contre les contribuables retardataires qui ne se sont pas libérés huit jours après la sommation sans frais, mentionnée en l'article 25 du présent règlement.

Art. 47. Il est ouvert, dans chaque arrondissement de perception, un registre (modèle n° 10) sur lequel sont inscrits, jour par jour, sans aucun blanc ni interligne, tous les contribuables qui se trouvent dans le cas d'être poursuivis par voie de sommation avec frais. Ce registre est arrêté, à la fin de chaque journée, par le receveur-percepteur. Ce comptable, après avoir préparé les bulletins de sommation (modèle n° 11), les remet au porteur de contraintes, qui se transporte au domicile des contribuables pour en faire la notification.

Dans un délai de quatre jours, cet agent rend compte au receveur-percepteur de l'emploi des bulletins, et constate, sur le registre des sommations, quels sont ceux qui n'ont pu être notifiés. La cause de la non-notification est indiquée en regard du nom de chacun des redevables qu'ils concernent.

Le montant des frais faits est ensuite définitivement arrêté, après déduction de ces derniers bulletins.

Art. 48. Le coût de la sommation avec frais est fixé ainsi qu'il suit, savoir :

				fr.	c.
Pour un débet de 15 francs et au-dessous.............				»	15
id.	au-dessus de 15 fr. et jusqu'à 35 fr.....			»	25
id.	id.	35 fr.	id. 70 fr.....	»	50
id.	id.	70 fr.	id. 100 fr.....	»	75
id.	id.	100 fr....................		1	»

DEUXIÈME DEGRÉ DE POURSUITES. — *Garnison collective ou individuelle.*

Art. 49. Les poursuites par voie de garnison sont employées contre les contribuables retardataires qui ne se sont pas libérés trois jours après la sommation avec frais. La garnison est collective ou individuelle.

Garnison collective.

Art. 50. La garnison est collective lorsqu'elle a lieu contre plusieurs redevables par un seul agent ; elle ne peut être pratiquée qu'en vertu d'une contrainte décernée par le receveur-percepteur et visée par le préfet.

Art. 51. Pour exercer cette poursuite, le receveur-percepteur fait un état (modèle n° 12) des contribuables qui l'ont encourue, décerne la contrainte au pied de cet état et le transmet à la préfecture pour être enregistré et recevoir le visa prescrit par l'article précédent.

Art. 52. Les bulletins de garnison collective (modèle n° 13) sont préparés par le receveur-percepteur et remis au porteur de contraintes pour en faire la notification.

Le montant des frais résultant de la remise de ces bulletins est définitivement arrêté suivant le mode indiqué à l'art. 47.

Art. 53. Le coût de la garnison collective est fixé ainsi qu'il suit, savoir :

				fr.	c.
Pour un débet de 15 francs et au-dessous.............				»	25
id.	au-dessus de 15 fr. et jusqu'à 35 fr......			»	50
id.	id.	35 fr.	id. 70 fr......	»	75
id.	id.	70 fr.	id. 100 fr......	1	»
id.	id.	100 fr..................		1	25

Garnison individuelle.

Art. 54. La garnison est individuelle lorsqu'elle a lieu contre un seul redevable par un garnisaire à domicile. Elle s'exerce en vertu d'une contrainte (modèle n° 14) décernée par le receveur-percepteur et visée par le préfet, et ne peut être employée que trois jours après la garnison collective, ou trois jours après la sommation avec frais, lorsque la garnison collective n'a point été exercée.

Art. 55. Aucun contribuable ne peut être soumis à la garnison individuelle si ses contributions ne s'élèvent à cent cinquante francs, et s'il n'est en retard d'au moins trois douzièmes.

Art. 56. Le garnisaire ne peut rester plus de deux jours chez un redevable. Il délivre à celui chez lequel il s'établit un bulletin imprimé conforme au modèle n° 15.

Art. 57. Si le contribuable se libère le jour même où il reçoit le garnisaire, le receveur-percepteur ordonne à celui-ci de se retirer, et le contribuable ne doit que les frais d'une journée.

Art. 58. Le prix de la journée de garnison à domicile est fixé à trois francs, sans vivres.

Pendant la durée de la garnison à domicile, l'agent ne doit exercer aucun autre acte de poursuites.

TROISIÈME DEGRÉ DE POURSUITES. — *Commandement.*

Art. 59. Le commandement n'a lieu que trois jours après l'exercice de la garnison.

Art. 60. Aucun contribuable retardataire ne peut être poursuivi par voie de commandement qu'en exécution d'un mandement (modèle n° 16), désignant le contribuable nominativement et délivré par le receveur-percepteur en vertu de la contrainte décernée pour la garnison collective ou individuelle.

Art. 61. Les commandements sont faits et signifiés à la requête du receveur-percepteur par le ministère d'un porteur de contraintes judiciaires, sur des imprimés conformes au modèle n° 17.

Il est fait usage d'originaux collectifs (modèle n° 18) pour les contribuables poursuivis le même jour par voie de commandement.

Art. 62. Le coût du commandement est fixé pour l'original et la copie signifiée, frais de timbre compris, de la manière suivante, plus les droits d'enregistrement lorsqu'il y a lieu, savoir :

		fr.	c.
Pour un débet de 35 francs et au dessous.............		»	80
id. au-dessus de 35 francs et jusqu'à 70 fr...		1	20
id. id. de 70 fr. id. 100 fr...		1	60
id. id. de 100 fr..................		2	40

Art. 63. Lorsqu'un contribuable est imposé à Paris, sans y être domicilié, ni représenté par un fermier, locataire ou régisseur, il peut, en cas de retard, être poursuivi immédiatement par voie de commandement.

Pour l'exécution de cette poursuite, le receveur central, sur la demande du receveur-percepteur, décerne une contrainte et la soumet au visa du préfet. Cette contrainte doit être accompagnée d'un extrait de rôle pour chaque article.

Si le contribuable est domicilié dans l'un des arrondissements ruraux du département de la Seine, la contrainte est adressée par le receveur central au percepteur de la résidence du redevable pour qu'il en opère le recouvrement.

S'il demeure dans un autre département, le receveur central transmet la contrainte au receveur général de ce département, afin qu'il en fasse suivre le recouvrement par le percepteur de la commune où habite le débiteur.

Art. 64. Lorsqu'un receveur de Paris est appelé à suivre le recouvrement d'une contrainte extérieure; il peut, de même, être procédé immédiatement contre le contribuable par voie de commandement. Toutefois, lorsqu'il n'y a pas urgence, il convient de

faire précéder cet acte de la sommation avec frais et de la garnison. Mais, dans tous les cas et avant toutes poursuites, la sommation sans frais doit être notifiée au redevable, à moins qu'il ne
résulte de la contrainte que cette notification a déjà été faite.

Les comptables qui sont chargés du recouvrement des contraintes extérieures ont droit à une remise de 1 franc 50 centimes pour 0/0 sur les sommes recouvrées. Ils sont autorisés à
retenir directement cette allocation. (Circulaire de la comptabilité générale des finances du 20 novembre 1848.)

Art. 65. Les frais résultant des poursuites qu'il peut y avoir lieu
d'exercer, dans le cas prévu par l'article précédent, entrent dans
la comptabilité du receveur-percepteur comme ceux qui concernent le recouvrement des sommes imposées dans ses rôles.

Lorsqu'une contrainte n'a pu être recouvrée, ces frais sont
remboursés au receveur-percepteur par le receveur central, sauf
par lui à s'en faire couvrir par le receveur général qui lui a transmis la contrainte.

Art. 66. Le contribuable imposé dans la ville de Paris et domicilié soit dans l'un des arrondissements ruraux du département de
la Seine, soit hors de ce département, et qui, s'étant mis dans le
cas d'être poursuivi de la manière indiquée aux articles précédents, vient à se libérer dans l'intervalle de l'expédition de la contrainte à la signification du commandement ou des autres poursuites dirigées contre lui, n'est pas, pour cela, exempt du payement
des frais encourus.

QUATRIÈME DEGRÉ DE POURSUITES. — Saisie.

Art. 67. La saisie des meubles et effets et celle des fruits pendants par racines est toujours précédée d'un commandement signifié à la personne ou au domicile du débiteur. Elle ne peut avoir lieu
que trois jours après la signification de cet acte et en vertu de
l'autorisation spéciale du préfet. Cette autorisation, accordée d'a-
près l'état des contribuables retardataires (modèle n° 19) qui est
produit par le receveur-percepteur, comprend celle de procéder
à la vente des objets saisis, si le contribuable ne se libère pas
avant le jour fixé pour cette vente.

La saisie est faite en exécution d'un mandement délivré par le
receveur-percepteur. (Modèles n°s 20 et 23.)

Art. 68. Il ne peut être procédé à la saisie des fruits pendants
par racine ou saisie-brandon, que dans les six semaines qui précèdent l'époque ordinaire de la maturité des fruits.

Art. 69. Les saisies (modèles n°s 21 et 24) s'exécutent dans les
formes prescrites pour les saisies judiciaires (titre VIII, livre v,
du Code de procédure civile) et nonobstant toutes oppositions,
sauf à l'opposant à se pourvoir devant le préfet.

Art. 70. Si, au moment où le porteur de contraintes se présente
pour procéder à une saisie, le contribuable retardataire demande

à se libérer, cet agent suspend son opération, et, afin d'acquérir la preuve de la libération du redevable, il l'accompagne au bureau du receveur-percepteur ; si la libération a lieu, il mentionne à la suite du procès-verbal la suspension de la saisie, la date de la quittance du receveur-percepteur et la somme pour laquelle elle a été délivrée.

Dans ce cas, le contribuable est tenu seulement de payer le prix du timbre de l'original du procès-verbal, ainsi que le salaire du porteur de contraintes et des assistants, au prix fixé par l'article 79 du présent règlement.

Art. 71. En cas de revendication des meubles et effets saisis, l'opposition n'est portée devant les tribunaux qu'après avoir été, conformément aux lois des 5 novembre 1790 et 12 novembre 1808, déférée à l'autorité administrative.

En conséquence, le receveur-percepteur se pourvoit auprès du préfet pour qu'il soit statué dans le plus bref délai.

Art. 72. Le porteur de contraintes qui, se présentant pour saisir, trouve une saisie déjà faite, se borne à procéder à un récolement des meubles et effets saisis (modèles nos 22 et 25), et, s'il y a lieu, provoque la vente, ainsi qu'il est prescrit par les articles 611 et 612 du Code de procédure civile (1).

Art. 73. Lorsque le porteur de contraintes ne peut exécuter sa commission parce que les portes sont fermées ou que l'ouverture en est refusée, il a le droit d'établir un gardien aux portes pour empêcher le divertissement des meubles et effets mobiliers.

Il se retire, sur-le-champ, devant le commissaire de police, lequel autorise l'ouverture des portes, y assiste et reste présent à la saisie des meubles et effets.

L'ouverture des portes et la saisie sont constatées par un seul procès-verbal, dressé par le porteur de contraintes et signé, en outre, par le commissaire de police. (Article 587 du Code de procédure civile.)

Art. 74. Le procès-verbal de saisie fait mention de la réquisition adressée au saisi de présenter un gardien volontaire. Le porteur de contraintes est tenu d'admettre ce gardien s'il est notoirement solvable.

Si le saisi ne présente pas de gardien, l'agent de poursuites en

---

(1) Art. 611 : « L'huissier qui, se présentant pour saisir, trouverait une saisie déjà faite et un gardien établi, ne pourra pas saisir de nouveau, mais il pourra procéder au récolement des meubles et effets sur le procès-verbal que le gardien sera tenu de lui représenter ; il saisira les effets omis et fera sommation au premier saisissant de vendre le tout dans la huitaine. Le procès-verbal de récolement vaudra opposition sur les deniers de la vente. »

Art. 612 : « Faute par le saisissant de faire vendre dans le délai ci-après fixé, tout opposant ayant titre exécutoire pourra, sommation préalablement faite au saisissant et sans former aucune demande en subrogation, faire procéder au récolement des effets saisis, sur la copie du procès-verbal de saisie, que le gardien sera tenu de représenter, et de suite à la vente. »

— 15 —

établit un d'office, en observant les prohibitions portées par l'article 598 du Code de procédure civile (1).

Art. 75. Il ne peut être établi qu'un seul gardien. Dans le cas où la nature des objets saisis en exigerait un plus grand nombre, il en serait référé au préfet.

Art. 76. Le gardien à la saisie est contraignable par corps pour la représentation des objets saisis.

S'il ne les représente pas, le receveur-percepteur se pourvoit auprès du préfet en autorisation de poursuivre ce gardien devant le tribunal civil, pour le faire condamner par corps au payement des contributions dues et des frais de poursuites, conformément aux articles 2060, 2065 et 2067 du Code civil (2), et aux lois des 17 avril 1832 et 13 décembre 1848 sur la contrainte par corps.

Art. 77. En cas de soustraction frauduleuse, les gardiens d'objets saisis, autres que le saisi lui-même, peuvent être poursuivis par la voie criminelle.

Le contribuable qui a détruit, détourné ou tenté de détourner les objets saisis sur lui et confiés à sa garde, est passible des peines portées à l'article 406 du Code pénal. Il est passible des peines portées à l'article 401, si la garde des objets saisis et par lui détruits avait été confiée à un tiers.

Art. 78. Ne peuvent être saisis pour contributions arriérées et frais faits à ce sujet :

Les lits et vêtements nécessaires au saisi et à sa famille ;

Les outils et métiers des artisans et ouvriers, nécessaires à leurs occupations personnelles ;

---

(1) Art. 598 : « Ne pourront être établis gardiens : le saisissant, son conjoint, ses parents et alliés jusqu'au degré de cousin issu de germain inclusivement, et ses domestiques ; mais le saisi, son conjoint, ses parents, alliés et domestiques pourront être établis gardiens, de leur consentement et de celui du saisissant. »

(2) Art. 2060 : « La contrainte par corps a lieu pareillement,

1° Pour dépôt nécessaire ;

2° En cas de réintégrande, pour le délaissement, ordonné par justice, d'un fonds dont le propriétaire a été dépouillé par voies de fait ; pour la restitution des fruits qui en ont été perçus pendant l'indue possession, et pour le payement des dommages et intérêts adjugés au propriétaire ;

3° Pour répétition de deniers consignés entre les mains de personnes publiques établies à cet effet ;

4° *Pour la représentation des choses déposées aux séquestres, commissaires et autres gardiens ;*

5° Contre les cautions judiciaires et contre les cautions des contraignables par corps, lesquelles se sont soumises à cette contrainte ;

6° Contre tous officiers publics, pour la représentation de leurs minutes, quand elle est ordonnée ;

7° Contre les notaires, les avoués et les huissiers pour la restitution des titres à eux confiés et des deniers par eux reçus pour leurs clients, par suite de leurs fonctions. »

Art. 2065 : « La contrainte par corps en matière civile ne peut être prononcée pour une somme moindre de trois cents francs. »

Art. 2067 : « La contrainte par corps, dans le cas même où elle est prononcée par la loi, ne peut être appliquée qu'en vertu d'un jugement. »

Les instruments, ustensiles et bêtes de somme ou de trait servant à la culture des terres ;

Les livres relatifs à la profession du saisi, jusqu'à la somme de 300 francs. à son choix ;

Les machines ou instruments servant à l'enseignement pratique ou à l'exercice des sciences et des arts, jusqu'à concurrence de la même somme et au choix du saisi ;

Les équipements des militaires, suivant l'ordonnance et le grade.

Il est laissé au contribuable saisi une vache à lait, ou deux chèvres, ou trois brebis, à son choix, avec les pailles, fourrages et graines nécessaires pour la nourriture et la litière de ces animaux pendant un mois ; plus, la quantité de grains ou de graines nécessaire à l'ensemencement ordinaire des terres.

Les abeilles, les vers à soie, les feuilles de mûrier ne sont saisissables que dans les temps déterminés par les lois et usages ruraux.

Le porteur de contraintes qui contrevient à ces dispositions est passible d'une amende de 100 francs.

Art. 79. Il est alloué pour le procès-verbal de saisie, indépendamment du prix du papier timbré et du droit d'enregistrement, s'il y a lieu, savoir :

Au porteur de contraintes,

		fr.	c.	fr.	c.
Pour un débet de 35 fr. et au-dessous	Original de l'exploit.	»	75		
	Copie à la partie...	»	25	1	»
Pour un débet au-dessus de 35 fr. et jusqu'à 70 fr......	Original...........	1	50		
	Copie.............	»	50	2	»
Pour un débet au-dessus de 70 fr., jusqu'à 100 fr......	Original...........	2	25		
	Copie.............	»	75	3	»
Pour un débet au-dessus de 100 fr..................	Original...........	3	»		
	Copie.............	1	»	4	»

Aux témoins,

Pour un débet de 70 fr. et au-dessous, à raison de 50 centimes chacun............................. 1 »

Pour un débet au-dessus de 70 francs, à raison de 75 centimes chacun............................. 1 50

Au gardien,

Pendant les dix premiers jours de garde effective, 1 fr. 50 c. par jour ;

Pour les jours suivants, 25 centimes par jour, sans que dans aucun cas ce salaire puisse excéder 18 fr.

Si le gardien réclame, en outre, le remboursement de frais ou de déboursés, il est statué par le préfet.

Ces fixations sont communes à la saisie-exécution et à la saisie-brandon, moins, pour cette dernière, le salaire des témoins.

Art. 80. Les mêmes taxes sont dues au porteur de contraintes et aux deux témoins pour le procès-verbal de récolement prévu par l'article 72 du présent règlement.

Art. 81. A défaut d'objets saisissables et lorsqu'il est constaté qu'il n'existe aucun moyen d'obtenir le payement des contributions dues, le porteur de contraintes dresse, sur papier libre, un procès-verbal de carence (modèle n° 26) en présence des deux témoins dont il est accompagné et qui le signent avec lui.

Art. 82. Il n'est fait usage de procès-verbaux de carence qu'à l'égard des retardataires dont l'insolvabilité serait reconnue au moment où le porteur de contraintes se présente pour opérer la saisie.

Quant aux contribuables qui seraient présumés être dans la position prévue par l'article 24, leur insolvabilité est constatée, soit par un certificat d'indigence émané du bureau de bienfaisance de l'arrondissement, soit par un procès-verbal d'insolvabilité (modèle n° 27). Ce procès-verbal est dressé en double original et sur papier libre par le porteur de contraintes, sur l'invitation du receveur-percepteur et sous sa responsabilité (1).

Art. 83. Les procès-verbaux de carence et d'insolvabilité ainsi que les certificats d'indigence sont transmis par le receveur-percepteur, au commencement de chaque mois, accompagnés d'un bordereau (modèle n° 28), à la préfecture de la Seine, pour être par elle communiqués au répartiteur-adjoint du quartier, avec mission de vérifier ces faits et de constater, sur chaque pièce en particulier, les résultats de ses informations. Lesdits procès-verbaux et certificats sont ensuite renvoyés au receveur-percepteur, lequel, suivant le cas, fait de nouvelles démarches afin de parvenir au recouvrement, ou les conserve pour les produire à l'appui des états de cotes irrecouvrables.

Art. 84. Le préfet décide, selon les circonstances, s'il y a lieu de mettre les frais des procès-verbaux d'insolvabilité et de carence à la charge du receveur-percepteur, ou s'ils sont susceptibles d'être imputés, comme la cote elle-même, sur le fonds de non-valeurs.

---

(1) Ces deux espèces d'attestation remplacent, à Paris, les certificats d'indigence que les maires sont appelés à délivrer en exécution de l'arrêté du 6 messidor an 10, qui porte : « Art. 1er. L'insolvabilité ou l'absence des redevables du trésor public seront constatées ou par des procès-verbaux, soit de perquisition, soit de carence, dressés par des huissiers, ou par des certificats délivrés, sous leur responsabilité, par les maires ou adjoints des communes de leur résidence ou de leur dernier domicile. »

2

Art. 85. Il est alloué pour les procès-verbaux d'insolvabilité et de carence, savoir :

fr. c.

Au porteur de contraintes........................ » 75
Aux témoins présents aux procès-verbaux de carence, à raison de 50 centimes chacun........... 1 »

CINQUIÈME DEGRÉ DE POURSUITES. — *Vente.*

Art. 86. Il n'est procédé à la vente des meubles et effets saisis, et des fruits pendants par racines, que huit jours après la clôture du procès-verbal de saisie et en vertu de l'autorisation spéciale du préfet, accordée dans la forme prescrite par l'article 67 du présent règlement ; néanmoins, ce délai peut être abrégé avec l'autorisation du préfet lorsqu'il y a lieu de craindre le dépérissement des objets saisis.

Cette vente est annoncée par des affiches conformes au modèle n° 31.

Art. 87. Lorsque, par suite d'un sursis accordé au contribuable, ou pour toute autre cause, la vente n'aura pas été opérée au jour indiqué par le procès-verbal de saisie, il ne pourra plus y être procédé qu'après une nouvelle signification faite au saisi par un acte conforme au modèle n° 30, en vertu d'un mandement délivré par le receveur-percepteur. (Modèle n° 29.)

Art. 88. La vente se fait par un commissaire-priseur (1). Elle a lieu sur la place accoutumée et dans la forme prescrite pour les ventes par autorité de justice.

Si le déplacement et le transport des effets sur cette place peuvent les détériorer, le receveur-percepteur en réfère au préfet, qui l'autorise, s'il y a lieu, à les faire vendre au domicile du saisi.

Art. 89. Le commissaire-priseur est tenu de discontinuer la vente aussitôt que le produit en est suffisant pour solder le montant des contributions dues et les frais de poursuites.

Art. 90. Il est défendu aux porteurs de contraintes et aux receveurs-percepteurs de se faire adjuger aucun des objets vendus en conséquence des poursuites faites ou dirigées par eux ou à leur requête, sous peine de destitution.

Art. 91. Immédiatement après avoir reçu le produit de la vente, le receveur-percepteur émarge les rôles jusqu'à concur-

---

(1) « Les criées et ventes publiques des meubles des contribuables en retard seront faites par les commissaires-priseurs dans les villes où ils sont établis. Dans ce cas, comme dans tous les autres, les vacations des commissaires-priseurs seront taxées par les tribunaux, mais, si les poursuites ont lieu pour le recouvrement des contributions directes, les tribunaux se conformeront aux règlements faits par les préfets et arrêtés par le gouvernement. » (Loi du 23 juillet 1820, art. 51.) (Voir ci-après art. 95.)

rence des sommes dues par le saisi et lui en délivre quittance. Si le produit de la vente excède les contributions dues et les frais faits, l'excédant est restitué au contribuable.

Art. 92. En cas de contestation sur la légalité de la vente ou d'opposition sur les fonds en provenant, le receveur-percepteur procède ainsi qu'il est prescrit à l'article 71 du présent règlement.

Art. 93. Toute vente faite contrairement aux formalités prescrites par les lois donne lieu à des poursuites contre ceux qui y ont procédé, et les frais faits restent à leur charge.

Art. 94. Les frais des divers actes relatifs à la vente et de leur renouvellement, dans le cas prévu par l'article 87 ci-dessus, sont réglés comme suit, savoir :

	COUT DES ACTES	
	PRIMITIFS.	RENOUVELÉS
SIGNIFICATION DE VENTE.		
Salaire du porteur de contraintes pour cette signification, tant au saisi qu'au gardien, non compris les frais de timbre et ceux d'enregistrement s'il y a lieu, savoir :		
Pour un débet de 35 fr. et au-dessous	1er mémoire, la signification étant contenue dans le procès-verb. de saisie.	» 25
Idem au-dessus de 35 fr. et jusqu'à 70 fr.		» 50
Idem idem de 70 fr. et jusqu'à 100 fr.		» 75
Idem idem de 100 fr.		1 »
APPOSITION DES AFFICHES.		
Rédaction : 1º du procès-verbal d'affiches (mod. nº 52), non compris le timbre, ni, s'il y a lieu, l'enregistrement; 2º des affiches, frais de timbre compris, savoir :		
Pour un débet de 35 fr. et au-dessous	1 25	» 50
Idem au-dessus de 35 fr. et jusqu'à 70 fr.	2 »	» 75
Idem idem de 70 fr. et jusqu'à 100 fr.	3 »	1 »
Idem idem de 100 fr.	4 »	1 25
Insertion au journal judiciaire	1 50	1 »
Salaire de l'afficheur	1 »	» 75
PROCÈS-VERBAL DE RÉCOLEMENT AVANT LA VENTE (mod. nº 53).		
Salaire du porteur de contraintes, non compris les frais de timbre ni les droits d'enregistrement, savoir :		
Pour un débet de 35 fr. et au-dessous	» 75	» 25
Idem au-dessus de 35 fr. et jusqu'à 70 fr.	1 25	» 50
Idem idem de 70 fr. et jusqu'à 100 fr.	1 75	» 75
Idem idem de 100 fr.	2 50	1 »
Salaire des deux témoins, savoir :		
Pour un débet de 70 fr. et au-dessous	» 50	» 50
Idem au-dessus de 70 et jusqu'à 100 fr..	1 »	» 50
Idem idem de 100 fr.	1 50	» 50

Les frais d'enlèvement des meubles et de leur transport sur le lieu de la vente sont réglés par le préfet.

Art. 95. Les droits dus au commissaire-priseur sont réglés

conformément à la loi du 18 juin 1843. (Voir ci-après, pour les droits d'enregistrement, la note de l'article 107.)

Lorsque toutes les dispositions préparatoires de la vente ont été faites, et qu'avant l'heure où elle devait être effectuée, il y a lieu d'en suspendre l'exécution par suite de la libération du contribuable ou par toute autre cause, il est alloué au commissaire-priseur, à titre d'indemnité pour lui et le crieur, pour le papier timbré et le droit de déclaration tant à la chambre qu'à l'enregistrement, une somme de 9 francs.

Moyens conservatoires.

Art. 96. Pour la conservation des droits du trésor sur les sommes, provenant du chef des redevables de contributions directes, qui peuvent se trouver entre les mains de tiers détenteurs ou débiteurs, il est procédé de la manière suivante :

1° *Si les sommes déposées ou dues sont, eu égard à leur origine, affectées au privilége du trésor*, il doit être fait aux tiers détenteurs ou débiteurs une *sommation directe* sur papier libre (modèles n°ˢ 35 et 36), sous forme de saisie-arrêt, mais contenant commandement de payer au receveur-percepteur les contributions dues, jusqu'à concurrence des sommes qui sont ou seront entre leurs mains, sous peine de se voir poursuivre personnellement comme le seraient les contribuables eux-mêmes, c'est-à-dire par voie de garnison, commandement, saisie et vente.

Cette sommation n'est pas nécessaire si les tiers détenteurs de sommes frappées du privilége du trésor sont des dépositaires publics, tels que notaires, huissiers, commissaires-priseurs ; il suffit, dans ce cas, d'une simple demande officieuse, verbale ou écrite (loi du 12 novembre 1808), ces officiers ministériels ne devant, sous leur responsabilité personnelle (1), remettre aux ayants droit les sommes séquestrées et déposées, que sur la justification du payement des contributions des personnes du chef desquelles ces sommes sont provenues (loi du 5-18 août 1791). Cette obligation, toutefois, n'existe pour eux que lorsqu'ils se trouvent constitués détenteurs ou dépositaires de deniers par l'effet de la loi et dans l'exercice de leurs fonctions. Pour les autres cas, la sommation directe devient nécessaire comme à l'égard des détenteurs ordinaires.

Il y a privilége en faveur du trésor, savoir :

Pour la contribution foncière de l'année échue et de l'année courante, sur toute somme provenant des fruits, loyers et revenus des biens imposés ;

---

(1) « Les lois des 5-18 août 1791 et 12 novembre 1808 (art. 2) imposent aux « commissaires-priseurs, sous leur responsabilité, l'obligation d'acquitter l'impôt « dû par les propriétaires des meubles vendus. » (Rapport fait à la chambre des pairs, le 15 avril 1842, à l'occasion de la première présentation du projet de loi relatif au tarif des commissaires-priseurs.)

Pour l'année échue et l'année courante des contributions mobilière, des portes et fenêtres, des patentes et de toute autre contribution directe et personnelle, sur les deniers qui sont dus ou qui appartiennent aux contribuables, quelle qu'en soit l'origine;

Les quittances des receveurs-percepteurs sont allouées en compte aux tiers-détenteurs et débiteurs pour les sommes légitimement payées par eux.

2° *S'il s'agit de sommes non soumises au privilége du trésor*, il doit être fait usage, à l'égard des tiers-détenteurs ou débiteurs, des voies ordinaires réglées par le Code de procédure civile (art. 557 et suivants), c'est-à-dire de la saisie-arrêt. (Modèle n° 38.)

Art. 97. Le coût de la sommation directe (original et copie sur papier libre) et celui de la saisie-arrêt (original et copie, non compris le timbre et l'enregistrement), sont fixés comme suit, savoir :

	fr.	c.
Pour un débet de 35 francs et au-dessous..........	»	40
id. au-dessus de 35 fr. et jusqu'à 70 fr...	»	80
id. id. de 70 fr. id. 100 fr...	1	20
id. id. de 100 fr................	2	»
Lorsqu'il y a plusieurs tiers-saisis, il est alloué, pour chaque copie en sus.........................	»	25

Les actes qui peuvent être la conséquence de la saisie-arrêt, c'est-à-dire la dénonciation au saisi avec assignation en validité et la dénonciation au tiers-saisi de la demande en validité avec assignation au même pour la déclaration affirmative (modèles n^cs 39 et 40), sont taxés comme la saisie-arrêt elle-même.

Art. 98. Les actes mentionnés aux deux articles précédents s'exécutent en vertu d'un mandement du receveur-percepteur. (Modèles n°s 34 et 37.)

Art. 99. Lorsque la saisie-arrêt doit être faite entre les mains d'un receveur ou de tout autre dépositaire de deniers publics, le porteur de contraintes est tenu de se conformer aux dispositions prescrites par le décret du 18 août 1807 (1).

Art. 100. Le receveur-percepteur est tenu, sous sa responsabilité personnelle, de suivre l'effet des sommations directes et des saisies-arrêts.

Aussitôt que les contributions qui les avaient motivées sont acquittées, il en donne mainlevée pure et simple et sans frais. (Modèle n° 41.)

Art. 101. Lorsque le receveur-percepteur est informé d'un commencement d'enlèvement furtif de meubles ou de fruits, ou qu'il y a lieu de craindre la disparition du gage de la contribution, il a le droit, s'il y a déjà eu un commandement, de faire procéder immédiatement et sans autre ordre ni autorisation, à la saisie-exécution desdits meubles et fruits.

---

(1) Voir à la fin du règlement, page 126.

Art. 102. Si le commandement n'a pas été fait, le receveur-percepteur établit d'office, soit au domicile du contribuable, soit dans le lieu où existe le gage de l'impôt, un gardien chargé de veiller à sa conservation, en attendant qu'il puisse être procédé aux poursuites ultérieures qui commenceront sous trois jours au plus tard. Le gardien sera, de préférence, un porteur de contraintes ou un garnisaire. Il lui est alloué trois francs par jour.

Art. 103. Lorsqu'il y a lieu d'appliquer les dispositions autorisées par les deux articles précédents, le receveur-percepteur en informe le préfet dans les vingt-quatre heures, et en rend compte au receveur central. Dans tous les cas, la vente ne peut être faite que suivant les formes ordinaires.

Dispositions communes aux poursuites de divers degrés.

Art. 104. Aucun acte de poursuites, les formalités relatives à la vente exceptées, ne peut être renouvelé contre le même contribuable, à moins qu'après s'être libéré intégralement des termes échus au moment du payement, il ne devienne débiteur de nouveaux douzièmes ou qu'il ne s'agisse de douzièmes appartenant à un nouvel exercice. Dans les deux cas, il y a lieu de revenir aux actes des premiers degrés et à la sommation sans frais.

Art. 105. Les bulletins de sommation avec frais, de garnison collective ou individuelle, les sommations aux tiers-détenteurs, ainsi que les procès-verbaux d'insolvabilité et de carence, ne sont sujets ni au timbre ni à l'enregistrement.

Art. 106. Les actes de commandement, saisie-arrêt, saisie-exécution, saisie-brandon, vente et tous autres actes y relatifs doivent être écrits sur papier timbré et être enregistrés dans les quatre jours, non compris celui de la date.

Les droits de timbre et d'enregistrement sont dus en sus des frais fixés par le présent règlement, à l'exception : 1° du commandement dont la taxe comprend les frais de timbre et ne doit être augmentée que des droits d'enregistrement, s'il y a lieu ; 2° des affiches.

Art. 107. Seront enregistrés gratis les actes de poursuites et tous autres actes, tant en action qu'en défense, ayant pour objet le recouvrement des contributions publiques et de toutes autres sommes dues à l'État, ainsi que des contributions locales, lorsqu'il s'agira de cotes, droits ou créances non excédant en total la somme de cent francs. (Art. 6 de la loi du 16 juin 1824. — Décision du 11 mars 1850, notifiée par une circulaire du 7 août suivant (1).)

---

(1) L'enregistrement des procès-verbaux de vente, comme celui de tout autre acte de poursuites en matière de contributions directes, a lieu *gratis* lorsque la cote n'excède pas 100 francs, et il n'est dû que le droit fixe de 1 fr. 10 c., décime compris, si elle est supérieure à cette somme. (Instruction de l'enregistrement, du 21 février 1846, n° 1746.)

Art. 108. Lorsque, dans le délai de quatre jours mentionné à l'article 106, les contribuables se sont libérés intégralement, tous les actes de poursuites, les procès-verbaux de vente exceptés, non encore présentés à l'enregistrement, seront admis à la formalité gratis, quoique ayant pour objet le recouvrement de cotes excédant cent francs. Dans ce cas, indépendamment de l'annotation sur le répertoire déjà prescrite par la décision du 28 juin 1822, les porteurs de contraintes doivent faire mention, sur l'acte de poursuites, de la libération intégrale du redevable et faire certifier cette déclaration par le receveur-percepteur.

Pour assurer aux contribuables le bénéfice de cette disposition, les porteurs de contraintes doivent, le jour même où ils portent les actes à l'enregistrement, s'informer au bureau du receveur-percepteur si la libération a eu lieu.

Art. 109. Chacun des actes de poursuites faits par les porteurs de contraintes en relate le coût, à peine de cinq francs d'amende, payables à l'instant de l'enregistrement. (Art. 67 du Code de procédure civile.)

Art. 110. Le tableau (modèle nº 42) présentant le tarif général des frais de poursuites doit être affiché dans le lieu le plus apparent de chaque bureau de perception.

Art. 111. Les formules d'actes de poursuites de tous les degrés, jusqu'à la garnison inclusivement, devront être imprimées sur un papier de couleur différente pour chaque degré, savoir :

Sommations sans frais, sur papier vert ;

Contraintes comminatoires, sur papier rose ;

Sommations avec frais, sur papier bleu ;

Bulletins de garnison collective, sur papier jaune ;

Bulletins de garnison individuelle, sur papier lilas ;

Tous les autres actes pourront être imprimés ou écrits sur papier blanc.

Les diverses formules sont imprimées et délivrées aux receveurs-percepteurs sous la surveillance du receveur central, qui veille aussi à ce que ces comptables ne remettent les formules aux agents de poursuites qu'à raison des besoins du service et après qu'elles ont été revêtues du timbre quand elles y sont sujettes.

Les frais d'impression, fixés d'avance par le préfet, sur la proposition du receveur central, seront supportés, soit par les agents de poursuites, soit par les receveurs-percepteurs, soit enfin par le receveur central, ainsi qu'il est réglé, pour chaque nature d'imprimé, par la décision ministérielle du 23 juillet 1822 (1).

Il ne peut y avoir lieu à aucune répétition contre les contribuables pour le prix de ces imprimés.

---

(1) Voir à la fin du règlement la nomenclature des imprimés (modèle nº 48).

QUATRIÈME PARTIE.

JUSTIFICATION, RÈGLEMENT ET RECOUVREMENT DES FRAIS DE POURSUITES.

Art. 112. Au commencement de chaque mois, les receveurs-percepteurs adressent au receveur central, qui les transmet au préfet :

1º Deux états distincts (modèles nᵒˢ 43 et 44) présentant, l'un le relevé des frais administratifs, l'autre celui des frais judiciaires faits pendant le mois précédent. A ce dernier état sont joints les originaux des actes et autres pièces produites à l'appui, ainsi que les mandements en vertu desquels les poursuites ont été exécutées ;

2º Un bordereau récapitulatif, en triple expédition, de ces divers frais (modèle nº 45). Vérification faite des éléments qui ont servi à l'établir, ce bordereau est arrêté par le préfet. Une expédition en est ensuite adressée au receveur-percepteur, qui devient comptable du montant des frais ainsi taxés ; une autre expédition est remise au receveur central pour lui servir de titre de perception ; la troisième reste déposée à la préfecture.

Les originaux des actes et autres pièces jointes aux états sont renvoyés au receveur-percepteur, qui les conserve pour y avoir recours au besoin.

Art. 113. En transmettant ces divers documents au préfet, le receveur central y joint deux états d'émargement (modèles nᵒˢ 46 et 47) des sommes revenant à chaque agent de poursuites, l'un pour les frais administratifs, l'autre pour les frais judiciaires. Le préfet, après avoir fait vérifier ces états, les arrête et en ordonnance le payement sur la caisse du receveur central, qui les produit comme pièces justificatives de dépense à l'appui de son compte annuel.

Art. 114. Seront rejetés de la taxe et mis à la charge de l'agent qui aura exécuté les poursuites, ou du comptable qui les aura provoquées :

1º Les frais des actes sujets à l'enregistrement, des sommations à des tiers-détenteurs, des procès-verbaux de carence et des procès-verbaux d'insolvabilité dont les originaux ne seraient pas représentés ;

2º Les frais des poursuites qui n'auraient pas été régulièrement autorisées ;

3º Tous frais faits contre des contribuables notoirement insolvables, ou pour des taxes résultant d'erreurs évidentes sur les rôles ;

4º Les frais excédant le tarif ou résultant de poursuites de toute nature exercées abusivement ou dans un ordre contraire à celui qui est tracé par le présent règlement.

Les frais non alloués, s'ils ont été payés avant la taxe, sont restitués aux contribuables de la manière prescrite pour les excédants provenant des contributions directes.

Art. 115. Le receveur-percepteur est tenu d'émarger sur les carnets ou états de frais de poursuites, ainsi que sur les rôles, les payements qui lui sont faits de ces frais, et d'en donner quittance de la même manière que pour les contributions directes.

Art. 116. Si le contribuable se libère des frais avant la taxe, le receveur-percepteur lui en délivre également une quittance à souche, et il émarge le payement sur les états et carnets de frais, comme il est dit à l'article précédent.

Dans le cas où la taxe serait inférieure au montant des frais perçus, il serait tenu compte au contribuable de la somme versée en trop, de la manière prescrite pour les excédants provenant des contributions directes. Si, au contraire, la somme consignée ne couvrait pas le montant des frais taxés, le receveur-percepteur aurait à suivre sur le redevable le recouvrement du surplus.

Art. 117. Tout contribuable à qui des frais sont réclamés a droit d'exiger la communication, savoir : 1° pour la sommation avec frais, du registre où sont portés les redevables qui sont passibles de cette poursuite ; 2° pour les actes subséquents, des contraintes ou des autorisations en vertu desquelles ils ont été faits, ainsi que des originaux des actes judiciaires.

Art. 118. Le receveur-percepteur qui aurait, soit avant, soit après la taxe, frauduleusement exigé une somme de frais plus forte que celle qui est fixée par le tarif ou portée dans les états et carnets de frais, serait traduit devant les tribunaux pour y être jugé comme concussionnaire.

Tout acte de concussion de la part d'un porteur de contraintes le rendrait passible des mêmes poursuites.

Art. 119. Les règlements et arrêtés antérieurs, relatifs aux frais de poursuites dans la ville de Paris, sont et demeurent abrogés.

Le présent arrêté sera soumis à l'approbation du ministre des finances, et sera exécutoire à partir du 1er octobre 1851.

Fait à Paris, le 5 août 1851.

Signé : BERGER.

Approuvé :

*Le garde des sceaux, chargé par intérim
du département des finances,*

Signé : E. ROUHER.

Modèle n° 1.
(Règlem. du 5 août 1851, art. 17.)

CONTRIBUTIONS DIRECTES.

REGISTRE destiné à l'inscription des déclarations de déménagement.

(*Du*   185)

Je, soussigné,   (*)   de la Maison sise rue
n°   déclare que M.   locataire dans cette maison,
doit déménager le   prochain.

(*) On indiquera dans ce blanc si le déclarant est propriétaire ou principal locataire.

(*Du*   185)

(*Du*   185)

Modèle n°, 2.
(Règlem. du 5 août 1851, art. 17.)

DÉPARTEMENT
DE LA SEINE.

VILLE DE PARIS.

ᵉ arrondiss. de perception.

M.
RECEVEUR-PERCEPTEUR.
rue

Année 185 .

Terme de

NOMS *des Locataires*
déménageants.

CONTRIBUTIONS DIRECTES.

RECONNAISSANCE DE DÉCLARATION
DE DÉMÉNAGEMENT.

MAISON

Quartier

Rue   N°

Je, soussigné, Receveur-Percepteur des Contributions directes du   ᵉ arrondissement de Perception de la Ville de Paris, reconnais que M.

m'a donné, aujourd'hui, avis du déménagement de M.

pour le   prochain.

La déclaration faite par M.
ayant pour objet d'éviter la garantie des taxes dues par ledit locataire, la présente reconnaissance ne pourra avoir son effet qu'aux conditions suivantes :

1° Le déclarant est tenu d'empêcher la sortie de tous meubles et effets appartenant audit locataire, jusqu'au jour fixé par ladite déclaration, à moins qu'il ne lui ait été préalablement justifié de l'entier payement des Contributions, à raison desquelles cette déclaration a été faite ;

2° En cas de déménagement furtif, le déclarant s'engage également à le faire constater, *dans les trois jours,* soit par le Maire ou son Adjoint, soit par le Commissaire de Police ou le Juge de paix, à peine de demeurer garant desdites taxes.

Fait à Paris, le   185 .

Le Receveur-Percepteur,

Modèle n° 3.
(Règlem. du 5 août 1851, art. 18.)

CONTRIBUTIONS DIRECTES.

RÉCÉPISSÉ

DE PROCES-VERBAL DE DÉMÉNAGEMENT FURTIF.

Je, soussigné, Receveur-Percepteur du   ᵉ arrondissement de perception de Paris, déclare que M.   (*)
d'une maison sise rue   n°
a déposé cejourd'hui, entre mes mains, un procès-verbal constatant que le sieur
locataire dans ladite maison, a déménagé furtivement le   ; en foi de quoi je lui ai délivré le présent.

Fait à Paris, le   185 .

Le Receveur-Percepteur,

(*) Indiquer la qualité de propriétaire, de principal-locataire ou régisseur.

DÉPARTEMENT

DE LA SEINE.

VILLE DE PARIS.

ᵉ arrondiss. de perception.

M.
RECEVEUR-PERCEPTEUR,
rue

Le bureau est ouvert tous les jours, excepté les dimanches et fêtes, depuis 9 heures du matin jusqu'à 3.

Modèle n° 4.
(Règlem. du 5 août 1851, art 25.)

CONTRIBUTIONS DIRECTES.

SOMMATION SANS FRAIS.

(Loi du 15 mai 1818, art. 51.)

QUARTIER

Rue   *n°*

M.

BORDEREAU DES SOMMES DUES.

ANNÉES. 1	ARTICLES des rôles. 2	NATURE des contributions. 3	MONTANT des taxes. 4	A-COMPTE payés. 5	RESTANT dû. 6
185 .					
185 .		Foncier............			
		Portes et fenêtres...			
		Mobilier..........			
		Patentes..........			
		Frais de Bourse....			
		Frais d'avertissemᵗᵗ.			
		Poids et mesures...			
		Biens de mainmorte.			
		Droits de visites....			
		Frais d'inspection d'eaux minérales.			
		Timbre de patente..			
		Frais antérieurs			

NOTA. Le contribuable est prévenu :

1° Qu'il doit rapporter le présent acte en venant payer ;

2° Que tout payement doit être fait, sous peine de nullité, au bureau de la perception, et non ailleurs ;

3° Qu'il ne sera libéré que par une quittance détachée du journal à souche.

Le contribuable susnommé est requis de payer, sans retard, les termes échus de ses contributions détaillées dans le Bordereau ci-contre. Il est prévenu que, faute de payement dans le délai de *huit jours*, les poursuites ordonnées par les lois seront dirigées contre lui.

A Paris, le   185   .

Le Receveur-Percepteur,

DÉPARTEMENT

DE LA SEINE.

VILLE DE PARIS.

ᵉ arrondiss. de perception.

M.

RECEVEUR-PERCEPTEUR,

rue

Le bureau est ouvert tous les jours, excepté les dimanches et fêtes, depuis 9 heures du matin jusqu'à 3.

Modèle n° 5.

(Règlem. du 5 août 1851, art. 26.)

CONTRIBUTIONS DIRECTES.

CONTRAINTE.

QUARTIER

Rue   *n°*

M.

BORDEREAU DES SOMMES DUES.

ANNÉES.	ARTICLES des rôles.	NATURE des contributions.	MONTANT des taxes.	A-COMPTE payés.	RESTANT dû.
1	2	3	4	5	6
185 .					
185 .		Foncier............			
		Portes et fenêtres...			
		Mobilier..........			
		Patentes..........			
		Frais de Bourse.....			
		Frais d'avertissem^{ts}.			
		Poids et mesures...			
		Biens de mainmorte.			
		Droits de visites.....			
		Frais d'inspection d'eaux minérales			
		Timbre de patente..			
		Frais antérieurs.....			

L'an 185 , le   à la requête du Receveur-Percepteur des contributions directes du   ᵉ arrondissement de perception de la ville de Paris,

Je, soussigné, porteur de contraintes administratives pour le recouvrement des contributions directes dans ladite ville, commissionné et assermenté,

Enjoins au contribuable susnommé de payer le montant des termes échus de ses contributions détaillées dans le bordereau ci-contre; lui déclarant que, faute par lui de se libérer dans le délai de *trois jours*, il y sera contraint par toutes les voies de droit, et lui ai laissé le présent bulletin.

NOTA. Le contribuable est prévenu :

1° Qu'il doit rapporter le présent acte en venant payer;

2° Que tout payement doit être fait, sous peine de nullité, au bureau de la perception, et non ailleurs ;

3° Qu'il ne sera libéré que par une quittance détachée du journal à souche.

Modèle n° 6.
(Règlem. du 5 août 1851, art. 37.)

PRÉFECTURE DU DÉPARTEMENT DE LA SEINE.

VILLE DE PARIS.

COMMISSION DE PORTEUR DE CONTRAINTES { ADMINISTRATIVES / JUDICIAIRES

POUR LE RECOUVREMENT DES CONTRIBUTIONS DIRECTES.

Nous, **Préfet** du département de la Seine, en vertu de l'article 20 de l'arrêté des consuls du 16 thermidor an VIII, et sur la présentation du receveur central des finances, nommons le sieur

porteur de contraintes, à l'effet d'exercer, dans la ville de Paris spécialement, et, en cas de besoin, dans les communes rurales du département, les poursuites { administratives / judiciaires } concernant le recouvrement des contributions directes.

Le sieur   , avant d'entrer en fonctions, prêtera serment entre les mains du secrétaire général de la préfecture. Il exercera sous les ordres des receveurs-percepteurs auprès desquels il sera placé par le receveur central, en se conformant aux dispositions des lois, arrêtés et règlements relatifs au recouvrement des contributions directes, et spécialement à celles du règlement du 5 août 1851.

Paris, le   185 .

Le Préfet,

Modèle n° 7.
(Règlem. du 5 août 1851, art. 37.)

PRÉFÉCTURE DU DÉPARTEMENT DE LA SEINE.

COMMISSION DE PORTEUR DE CONTRAINTES SUPPLÉANT

POUR LE SERVICE DES CONTRIBUTIONS DIRECTES.

Nous, Préfet du département de la Seine, en vertu de l'article **20** de l'arrêté des consuls du **16** thermidor an viii, et sur la présentation du receveur central des finances, nommons le sieur

porteur de contraintes suppléant pour l'exercice des poursuites, tant administratives que judiciaires, concernant le recouvrement des contributions directes dans le département de la Seine.

Le sieur avant d'entrer en fonctions, prêtera serment entre les mains du secrétaire général de la préfecture. Il exercera sous les ordres des comptables auprès desquels il sera placé par le receveur central des finances, et se conformera aux dispositions des lois, arrêtés et règlements relatifs aux contributions directes, et spécialement à celles du règlement du 5 août 1851.

Paris, le 185 .

Le Préfet,

3

Modèle n° 9.]
(Règlem. du 5 août 1851, art. 48.

RÉPERTOIRE

Des Actes de Poursuites judiciaires faits pour le recouvrement des Contributions directes,

Par

Porteur de contraintes à Paris, commissionné le

―――――――――

*Le présent Répertoire, contenant   feuillets,
destiné à recevoir jour par jour, par ordre de date et de
numéro, sans blanc ni interligne, l'inscription des actes
judiciaires faits par le sieur   porteur de
contraintes à Paris, a été coté et paraphé par nous,*

À Paris, le   183   .

Nos D'ORDRE.	NATURE DES ACTES.	DATES		DÉSIGNATION DES CONTRIBUAB[les]	
		des mandements donnés par les receveurs.	des actes.	NOMS.	PROFESSIONS.
1	2	3	4	5	6

POURSUIVIS.	COUT DES ACTES.				DATES		OBSERVATIONS.
	AVANCES.						
DEMEURES.	Timbre et enregistremᵗ.	Frais de témoins et autres déboursés.	Honoraires.	TOTAL.	de l'enregistrement des actes.	du payement des contrib.ᵒⁿˢ acquittées dans le délai de quatre jours.	
7	8	9	10	11	12	13	14

Modèle n° 6.
(Règlement du 5 août 1851, art. 43.)

* ARRONDISSEMENT
de
PERCEPTION.

DÉPARTEMENT DE LA SEINE.

VILLE DE PARIS.

* ARRONDISSEMENT DE PERCEPTION.

M.   *Recçveur-Percepteur.*

RÉPERTOIRE

DES ACTES DE POURSUITES JUDICIAIRES

FAITS A LA REQUÊTE DU RECEVEUR-PERCEPTEUR

Du   • arrondissement de perception, à partir du

185 .

NUMÉROS D'ORDRE.	RÔLE auquel l'acte est enregistré.			DATE		NATURE DES ACTES.	NOMS des CONTRIBUABLES.	MONTANT de la somme due pour les termes échus.	COÛT DES ACTES.	DATE DU PAYEMENT DES FRAIS.	N° DE LA QUITTANCE du journal à souche.	OBSERVATIONS.
	EXERCICE.	DÉSIGNATION du Rôle.	ARTICLES du Rôle.	des MANDEMENTS.	des ACTES.							
1	2	3	4	5	6	7	8	9	10	11	12	13

Modèle n° 10.
(Règlem. du 5 août 1851, art. 47.)

DÉPARTEMENT DE LA SEINE.

VILLE DE PARIS.

ARRONDISSEMENT DE PERCEPTION.

M.   *Receveur-Percepteur.*

REGISTRE

Des sommations avec frais, expédiées et notifiées à la requête du receveur-
percepteur du   ᵉ arrondissement de perception.

NOTA. A la fin de chaque journée, la colonne 8 est totalisée, et, à l'expiration du délai fixé par l'art. 47 du règlement, le porteur de contraintes constate, par une mention conforme à celle qui est indiquée au bas de la contrainte par voie de garnison collective (mod. n° 12), quels sont les bulletins qu'il n'a pu notifier. Les motifs de la non-notification de ces bulletins sont ensuite consignés dans la colonne 12, et leur coût (colonne 11) est déduit du total de la colonne 8 pour établir le montant net des frais dont le receveur-percepteur devra suivre le recouvrement.

N° d'ordre renouvelé par mois.	ROLE AUQUEL L'ACTE est ENREGISTRÉ.			NOMS des CONTRIBUABLES	MONTANT des COTES.	SOMMES exigibles.	COUT des ACTES.	DATE du payement. des frais	N° de la quittance du journal à souche.	COUT des actes non notifiés à déduire de la colonne n° 7.	MOTIFS de la non-notification des actes et OBSERVATIONS.
	Exercice.	Désignation du rôle.	Articles du rôle.								
1	2	3	4	5	6	7	8	9	10	11	12

DÉPARTEMENT

DE LA SEINE.

—

VILLE DE PARIS.

—

ᵉ arrondiss. de perception.

M.

RECEVEUR PERCEPTEUR.

rue

Le bureau est ouvert tous les jours, excepté les dimanches et fêtes, depuis 9 heures du matin jusqu'à 3.

Nᵒ   DU REGISTRE.   M.

Modèle nᵒ 11.
(Règlem. du 5 août 1851, art. 46, 47, 48.)

CONTRIBUTIONS DIRECTES.

SOMMATION AVEC FRAIS.

QUARTIER

Rue   *nᵒ*

BORDEREAU DES SOMMES DUES.

ANNÉES. 1ᵉ	ARTICLES des rôles. 2	NATURE des contributions. 3	MONTANT des taxes. 4	A-COMPTE payés. 5	RESTANT dû. 6
185 .					
185 .		Foncier............			
		Portes et fenêtres...			
		—			
		Mobilier...........			
		Patentes............			
		—			
		Frais de Bourse....			
		Frais d'avertissemᵗˢ.			
		Poids et mesures...			
		Biens de mainmorte.			
		Droits de visites....			
		Frais d'inspection d'eaux minérales.			
		Timbre de patente..			
		Frais { antérieurs... / du prés. acte.			

Le coût de la sommation avec frais est fixé comme suit, savoir :
Pour un débet de 15 francs et au-dessous. » f 15ᶜ
Id. au-dessus de 15 et jusqu'à 35 francs. » 25
Id. au-dessus de 35 et jusqu'à 70 francs. » 50
Id. au-dessus de 70 et jusqu'à 100 francs. » 75
Id. au-dessus de 100 francs............ 1 »
(Règlement du 5 août 1851, art. 48.)

NOTA. Le contribuable est prévenu :

1º Qu'il doit rapporter le présent acte en venant payer ;

2º Que tout payement doit être fait, sous peine de nullité, au bureau de la perception, et non ailleurs :

3º Qu'il ne sera libéré que par une quittance détachée du journal à souche.

AU NOM DE LA LOI.

L'an 185 , le
à la requête du receveur-percepteur des contributions directes du ᵉ arrondissement de perception de la Ville de Paris, et en exécution de l'article 46 du règlement du 5 août 1851,

Je, soussigné, porteur de contraintes administratives pour le recouvrement desdites contributions, dûment commissionné et assermenté,

Somme le contribuable susnommé, déjà requis par *sommation gratis*, de payer le montant des termes échus sur les contributions dont le détail est ci-contre ; lui déclarant qu'à défaut de payement dans le délai de *trois jours*, il sera poursuivi par voie de *garnison*, conformément aux lois, arrêtés et règlements sur le recouvrement de l'impôt direct, et lui ai laissé la présente *sommation avec frais*, dont le coût est de

DÉPARTEMENT
DE LA SEINE.

VILLE DE PARIS.

* ARRONDISSEMENT DE PERCEPTION.

Quartier d

ÉTAT N°

Modèle n° 13.
(Règlem. du 5 août 1831, art. 51.)

CONTRIBUTIONS DIRECTES.

CONTRAINTE PAR VOIE DE GARNISON COLLECTIVE.

ÉTAT des Contribuables qui, n'ayant point satisfait à la Sommation avec frais qui leur a été notifiée, sont passibles de la poursuite par voie de garnison collective, aux termes de l'article 49 de l'Arrêté de M. le Préfet, en date du 5 août 1851.

Nºˢ D'ORDRE.	ROLE auquel l'acte est enregistré.			NOMS des CONTRIBUABLES	SOMMES exigibles.	COUT des ACTES.	DATE du PAYEMENT des FRAIS.	N° DE LA QUITTANCE du journal à souche.	COUT des ACTES non notifiés a déduire de la colonne n° 7.	MOTIFS de la non-notification des actes et OBSERVATIONS
	Exercice.	Désignation du rôle.	Article du rôle.							
1	2	3	4	5	6	7	8	9	10	11

Nᵒˢ D'ORDRE.	ROLE auquel l'acte est enregistré.			NOMS des CONTRIBUABLES	SOMMES exigibles.	COUT des ACTES.	DATE du PAYEMENT des FRAIS.	Nᵒ DE LA QUITTANCE du journal à souche.	COUT des ACTES non notifiés à déduire de la colonne nᵒ 7.	MOTIFS de la non-notification des actes et OBSERVATIONS.
	Exercice.	Désignation du rôle.	Article du rôle.							
1	2	3	4	5	6	7	8	9	10	11
				Totaux des colonnes 7 et 10.	.... ..		....			

Le Receveur-Percepteur, soussigné, certifie le présent Etat véritable, et décerne la contrainte par voie de garnison collective contre les Redevables ci-dessus dénommés, et subsidiairement par voie de commandement, s'il y a lieu.

A Paris, le   185 .

Vu et enregistré à la Préfecture du département de la Seine, sous le Nᵒ   , le présent État contenant   articles, pour être exécuté selon sa forme et teneur.

A Paris, le   185 .

Le Secrétaire général de la Préfecture,

REPORT des Frais inscrits dans la colonne 7.............:

A DÉDUIRE pour les Frais des actes non notifiés (col. 10)..

RESTE dont le comptable suivra le recouvrement......

Je, soussigné, porteur de Contraintes près le Receveur-Percepteur du   arrondissement de Paris, certifie avoir notifié, aux Contribuables désignés dans l'Etat qui précède, les Bulletins de garnison collective qui les concernent, sauf à ceux inscrits Nᵒ

qui se sont libérés avant la notification ou auxquels cette notification n'a pu être faite.

A Paris, le   185

A Paris, le   185 .

Le Receveur-Percepteur du   arrondissement,

DÉPARTEMENT

DE LA SEINE.

VILLE DE PARIS.

° arrondiss. de perception.

M.
RECEVEUR-PERCEPTEUR,
rue

Le bureau est ouvert tous les jours, excepté les dimanches et fêtes, depuis 9 heures du matin jusqu'à 3.

N°
de l'État de contrainte.

N°   D'ORDRE DE
CET ÉTAT.

Modèle n° 13.

(Règlem. du 5 août 1851, art. 49 à 53.)

CONTRIBUTIONS DIRECTES.

BULLETIN DE GARNISON COLLECTIVE.

QUARTIER

Rue   n°

M.

BORDEREAU DES SOMMES DUES.

ANNÉES.	ARTICLES des rôles.	NATURE des contributions.	MONTANT des taxes.	A-COMPTE payés.	RESTANT dû.
185 .					
185 .		Foncier.............			
		Portes et fenêtres...			
		Mobilier...........			
		Patentes...........			
		Frais de Bourse....			
		Frais d'avertissement			
		Poids et mesures....			
		Biens de mainmorte..			
		Droits de visites....			
		Frais d'inspection d'eaux minérales.			
		Timbre de patente..			
		Frais {antérieurs ... {du prés.t acte.			

Le coût de la garnison collective est fixé comme suit, savoir :

Pour un débet de 15 fr. et au-dessous.	»f	25 c.
Idem au-dessus de 15 et jusqu'à 35 fr.	»	50
Idem au-dessus de 35 et jusqu'à 70 fr.	»	75
Idem au-dessus de 70 et jusqu'à 100 fr.	1	»
Idem au-dessus de 100 fr.............	1	25

(Règlement du 5 août 1851, art. 53.)

AU NOM DE LA LOI.

L'an 185 , le
à la requête du Receveur-Percepteur des contributions directes du   arrondissement de perception de la ville de Paris, et en exécution, tant des articles 49 à 52 du règlement du 5 août 1851, que de la contrainte décernée par ledit receveur-percepteur et visée par M. le Préfet,

Je, soussigné, porteur de contraintes administratives pour le recouvrement des contributions directes dans ladite ville, commissionné et assermenté,

Déclare au contribuable susnommé, déjà poursuivi par *sommation avec frais*, qu'il est soumis à la contrainte par voie de garnison collective, et itérativement sommé de payer le montant des termes échus de ses contributions dont le détail est ci-contre; le prévenant, en outre, qu'à défaut de payement dans le délai de *trois jours*, il y sera contraint, soit par voie de *garnison individuelle à domicile*, soit par voie de *commandement*, jusqu'à parfait payement, et lui ai laissé le présent bulletin dont le coût est de

NOTA. Le contribuable est prévenu :

1° Qu'il doit rapporter le présent acte en venant payer ;

2° Que tout payement doit être fait, sous peine de nullité, au bureau de la perception, et non ailleurs

3° Qu'il ne sera libéré que par une quittance détachée du journal à souche.

DÉPARTEMENT
DE LA SEINE.

VILLE DE PARIS.

ARRONDISSEMENT DE PERCEPTION.

Quartier d

ÉTAT N°

Modele n° 14.
(Règlem. du 5 août 1851, art. 54.)

CONTRIBUTIONS DIRECTES.

CONTRAINTE PAR VOIE DE GARNISON INDIVIDUELLE.

ETAT des Contribuables qui, n'ayant pas satisfait à la sommation avec frais } garnison collective } qui leur a été notifiée, sont passibles de la poursuite par voie de garnison individuelle, aux termes de l'article 54 de l'Arrêté de M. le Préfet, en date du 5 août 1851.

N°ˢ D'ORDRE.	ROLE auquel l'acte est enregistré.			NOMS des CONTRIBUABLES	SOMMES exigibles.	COUT des ACTES.	DATE du PAYEMENT des FRAIS,	N° DE LA QUITTANCE du journal à souche.	COUT des ACTES non notifiés à déduire de la colonne n° 7.	MOTIFS de la non-notification des actes et OBSERVATIONS.
	Exercice.	Désignation du rôle.	Article du rôle.							
1	2	3	4	5	6	7	8	9	10	11

4

Nos D'ORDRE.	ROLE auquel l'acte est enregistré.			NOMS des CONTRIBUABLES	SOMMES exigibles.	COUT des ACTES.	DATE du PAYEMENT des FRAIS.	No DE LA QUITTANCE du journal à souche.	COUT des ACTES non notifiés à déduire de la colonne n° 7.	MOTIFS de la non-notification des actes et OBSERVATIONS.
	Exercice.	Désignation du rôle.	Article du rôle.							
1	2	3	4	5	6	7	8	9	10	11
				Totaux des colonnes 7 et 10.			....		....	

Le Receveur-Percepteur soussigné certifie le présent Etat véritable, et décerne la Contrainte par voie de garnison individuelle contre les Redevables ci-dessus dénommés, et subsidiairement par voie de commandement, s'il y a lieu.

A Paris, le   185 .

Vu et enregistré à la Préfecture du département de la Seine, sous le No   , le présent État, contenant   articles, pour être exécuté selon sa forme et teneur.

A Paris, le   185 .

Le Secrétaire général de la Préfecture,

REPORT des Frais inscrits dans la colonne 7.............

A DÉDUIRE pour les Frais des actes non notifiés (col. 10)..

RESTE dont le comptable suivra le recouvrement......

Je, soussigné, porteur de Contraintes près le Receveur-Percepteur du   arrondissement de Paris, certifie avoir notifié aux Contribuables désignés dans l'Etat qui précède, les Bulletins de garnison individuelle qui les concernent, sauf à ceux inscrits No   qui se sont libérés avant la notification ou auxquels cette notification n'a pu être faite.

A Paris, le   185 .

A Paris, le   185 .

Le Receveur-Percepteur du   arrondissement,

Modèle n° 15.
(Règlem. du 5 août 1851, art. 54 à 58.)

DÉPARTEMENT

DE LA SEINE.

VILLE DE PARIS.

arrondiss. de perception.

M.

RECEVEUR-PERCEPTEUR,

rue

Le bureau est ouvert tous les jours, excepté les dimanches et fêtes, depuis 9 heures jusqu'à 3.

N°

de l'État de contrainte.

N°   D'ORDRE

DE CET ÉTAT.

CONTRIBUTIONS DIRECTES.

BULLETIN DE GARNISON INDIVIDUELLE

à domicile.

QUARTIER

Rue   n°

M.

BORDEREAU DES SOMMES DUES.

ANNÉES.	ARTICLES des rôles.	NATURE des contributions.	MONTANT des taxes.	A-COMPTE payés.	RESTANT dû.
1	2	3	4	5	6
185 .					
185 .		Foncier............			
		Portes et fenêtres...			
		Mobilier...........			
		Patentes...........			
		Frais de Bourse....			
		Frais d'avertissem^{ts}.			
		Poids et mesures ...			
		Biens de mainmorte..			
		Droits de visites....			
		Frais d'inspection d'eaux minérales..			
		Timbre de patente...			
		Frais {antérieurs ... {du prés^t acte.			

AU NOM DE LA LOI.

L'an 185 , le   à la requête du Receveur-Percepteur du   arrondissement de perception de la ville de Paris, et en exécution, tant des articles 54 à 57 du règlement du 5 août 1851, que de la contrainte visée par M. le Préfet,

Je, soussigné, (*porteur de contraintes* ou *garnisaire*) pour le recouvrement des contributions directes dans ladite ville, commissionné et assermenté,

Déclare au contribuable susnommé, déjà poursuivi par voie de *garnison collective*, que je m'établis pour deux jours en *garnison réelle* dans son domicile, pour avoir payement des termes échus sur les contributions dont le détail est ci-contre ; le prévenant en outre, qu'à défaut de payement dans le délai de trois jours, il sera procédé contre lui par voie de *commandement, saisie-exécution et vente*, et lui ai laissé le présent bulletin.

Le coût est fixé à trois francs par jour.

Modèle n° 16.
(Règlem. du 5 août 1851, art. 60.)

DÉPARTEMENT
DE LA SEINE.

VILLE DE PARIS.

     arrondiss. de perception.

M.

RECEVEUR-PERCEPTEUR,
rue

N°
de l'État de contrainte.

ARTICLE   DE CET ÉTAT.   M.

CONTRIBUTIONS DIRECTES.

MANDEMENT

par voie de commandement.

QUARTIER

Rue   *n°*

BORDEREAU DES SOMMES DUES.

ANNÉES.	ARTICLES des rôles.	NATURE des contributions.	MONTANT des taxes.	A-COMPTE payés.	RESTANT dû.
1	2	3	4	5	6
185 .					
185 .		Foncier............			
		Portes et fenêtres...			
		Mobilier.............			
		Patentes...........			
		Frais de Bourse....			
		Frais d'avertissem^ts.			
		Poids et mesures ...			
		Biens de mainmorte.			
		Droits de visites....			
		Frais d'inspection d'eaux minérales..			
		Timbre de patente..			
		Frais { antérieurs ... { du command^t.			

Le Receveur-Percepteur du   arrondissement de perception de Paris, soussigné, en vertu de la contrainte décernée par lui et visée par M. le Préfet le

délivre le présent Mandement par voie de commandement contre le contribuable ci-dessus nommé afin de payement de la somme de

montant des termes exigibles sur les contributions dont le détail est ci-contre.

Le présent Mandement sera mis à exécution par le porteur de contraintes commis pour faire, dans cet arrondissement, les actes judiciaires relatifs au recouvrement des contributions directes, en se conformant aux lois, arrêtés et règlements sur cette matière.

A Paris, le   185 .

Le Receveur-Percepteur,

Modèle n° 12,
(Règlem. du 5 août 1851, art. 59 à 64)

CONTRIBUTIONS DIRECTES.

COMMANDEMENT.

DÉPARTEMENT

DE LA SEINE,

VILLE DE PARIS.

* arrondiss. de perception

M.

RECEVEUR-PERCEPTEUR,

rue

Le bureau est ouvert tous les jours, excepté les dimanches et fêtes, depuis 9 heures du matin jusqu'à 3.

BORDEREAU DES SOMMES DUES.

ANNÉES.	ARTICLES des rôles.	NATURE des contributions.	MONTANT des taxes.	A-COMPTE payés.	RESTANT dû.
1	2	3	4	5	6
185 .					
185 .		Foncier...........			
		Portes et fenêtres...			
		Mobilier...........			
		Patentes...........			
		Frais de Bourse.....			
		Frais d'avertissem^{ts}.			
		Poids et mesures....			
		Biens de mainmorte.			
		Droits de visites....			
		Frais d'inspection d'eaux minérales..			
		Timbre de patentes..			
		Frais { antérieurs.... { du prés, acte.			

Le coût du commandement, non compris le droit d'enregistrement, est fixé comme suit, savoir :
Pour un débet de 35 fr. et au-dessous..   » 80 c
Idem au-dessus de 35 et jusqu'à 70 fr.   1 20
Idem au-dessus de 70 et jusqu'à 100 fr.   1 60
Idem au-dessus de 100 fr.............   2 40
(Règlement du 5 août 1851, art. 62.)

AVIS IMPORTANT.
Si le contribuable se libère avant que le présent acte ait été soumis à l'enregistrement (formalité qui doit être remplie dans les quatre jours de la date dudit acte), il lui sera fait remise des droits résultant de cet enregistrement.

Rapporter le présent acte en venant au bureau du receveur-percepteur.

L'an mil huit cent cinquante
le

En vertu des rôles des contributions directes du   arrondissement de perception de Paris, rendus exécutoires par M. le Préfet du département de la Seine, publiés conformément à la loi, et en exécution, tant des articles 59 à 61 du règlement du 5 août 1851, que de la contrainte décernée par M.
Receveur-Percepteur des contributions directes dudit arrondissement de perception et visée par M. le Préfet de la Seine le

Et à la requête du Receveur-Percepteur susnommé demeurant à Paris, qui élit domicile en son bureau de recette établi rue
      n°
Je, soussigné,
porteur de contraintes pour l'exercice des poursuites judiciaires relatives au recouvrement des contributions directes, aux termes de la commission dont je suis porteur, et qui m'a été délivrée par M. le Préfet de la Seine
le
demeurant à   rue   n°
ai fait COMMANDEMENT, au nom de la loi et justice, à M.
demeurant à Paris, rue   n°
ou étant en   domicile parlant à

de payer audit **Receveur** la somme de

montant des termes échus de   contributions de   année 18   , ainsi qu'il résulte
d   rôles desdites contributions , dont le susdit Receveur-Percepteur est porteur, sans
préjudice des termes à échoir et des frais faits et à faire, et je l   ai déclaré que faute
par   d'effectuer ce payement dans le délai de trois jours à dater du présent
y ser   contraint   par toutes les voies de droit et notamment par la *saisie-exécution* et *vente* de   meubles et récoltes ;

   Et je l   ai, parlant comme dessus, laissé copie du présent exploit dont le coût est
de   non compris le droit d'enregistrement.

Enregistré à Paris, le
Reçu

Modèle n° 18.

(Règlem. du 5 août 1851, art. 59 à 64.)

<table>
<tr><td>DÉPARTEMENT
DE LA SEINE.</td><td>CONTRIBUTIONS DIRECTES.</td><td>FRAIS DE COMMAN-
DEMENT.</td></tr>
<tr><td>VILLE DE PARIS.

° ARRONDISSEMENT
de perception.</td><td>COMMANDEMENT COLLECTIF
(ORIGINAL.)

*Etat des contribuables qui, n'ayant pas sa-
tisfait à la poursuite par voie de garnison
collective, sont passibles de la contrainte
par voie de commandement, en vertu de
l'article 59 du règlement du 5 août 1851.*</td><td>Original, copies et
timbre........
Enregistrement...

TOTAL....</td></tr>
</table>

Articles des rôles.	EXER-CICES.	NOMS ET PROFESSIONS des contribuables.	DOMICILE.	MONTANT des contributions.	MONTANT DE LA SOMME DUE		TOTAL	Coût du commandement pour chaque contribuable, non compris l'enregistrement.
					pour les termes échus.	pour frais taxés précédemment.		
1	2	3	4	5	6	7	8	9

L'an mil huit cent cinquante   le   en
vertu des rôles des contributions directes du   arrondissement de perception de Paris,
rendus exécutoires par M. le Préfet du département de la Seine, publiés conformément à
la loi et en exécution, tant des articles 59 à 61 du règlement du 5 août 1851 que de la
contrainte décernée par M.   receveur-percepteur des contributions directes dudit arrondissement de perception, visée par M. le Préfet de la Seine,
le   , et à la requête du Receveur-Percepte   susnommé,
demeurant à Paris, qui élit domicile en son bureau de recette établi rue
n°

Je, soussigné, porteur de contraintes pour l'exercice des poursuites judiciaires relatives

au recouvrement des contributions directes, aux termes de la commission dont je suis porteur, et qui m'a été délivrée par M. le Préfet de la Seine, le
demeurant à   rue   n°   , ai fait commandement, au nom de la loi et justice, aux dénommés ci-après, de payer audit receveur-percepteur,

SAVOIR :

1° Au sieur   demeurant rue   et parlant
à   la somme de
2° Au sieur   demeurant rue   et parlant
à   la somme de
3° Au sieur   demeurant rue   et parlant
à   la somme de
4° Au sieur   demeurant rue   et parlant
à   la somme de
5° Au sieur   demeurant rue   et parlant
à   la somme de
6° Au sieur   demeurant rue   et parlant
à   la somme de
7° Au sieur   demeurant rue   et parlant
à   la somme de
8° Au sieur   demeurant rue   et parlant
à   la somme de
9° Au sieur   demeurant rue   et parlant
à   la somme de
10° Au sieur   demeurant rue   et parlant
à   la somme de
11° Au sieur   demeurant rue   et parlant
à   la somme de
12° Au sieur   demeurant rue   et parlant
à   la somme de
13° Au sieur   demeurant rue   et parlant
à   la somme de
14° Au sieur   demeurant rue   et parlant
à   la somme de
15° Au sieur   demeurant rue   et parlant
à   la somme de

Le porteur de contraintes déclare s'être assuré que les contribuables portés sous les n^{os} se sont libérés intégralement dans le délai de quatre jours.
A Paris, le 185 .

Certifié par le Receveur-Percepteur.
Paris, le 185 .

Qu'ils doivent respectivement pour les termes échus de leurs contributions, ainsi qu'il résulte des rôles desdites contributions dont le susdit receveur-percepteur est porteur, sans préjudice des termes à échoir et des frais faits et à faire, et leur ai déclaré que, faute par eux d'effectuer ledit payement dans le délai de trois jours à dater du présent, ils y seront contraints par toutes les voies de droit, notamment par la saisie-exécution et vente de leurs meubles et récoltes, et j'ai, à chacun en ce qui le concerne, laissé copie du présent, dont le coût est de   , non compris le droit d'enregistrement.

Enregistré à Paris, le
Reçu

PRÉFECTURE
du
DÉPᵗ DE LA SEINE.

VILLE DE PARIS.

ᵉ Arrondissᵗ de Perception.

Quartier

Modèle nᵒ 19.
(Règl. du 5 août 1851, art. 67.)

CONTRIBUTIONS DIRECTES.

ÉTAT des contribuables qui, n'ayant pas satisfait au commandement qui leur a été notifié, sont dans le cas d'être poursuivis par voie de saisie-exécution et vente de meubles.

Nᵒ D'ORDRE. 1	NOMS, PROFESSIONS et demeures des CONTRIBUABLES. 2	DÉSIGNATION des exercices. 3	ARTICLES DES ROLES. 4	NATURE des contributions. 5	MONTANT des taxes. 6	A-COMPTE PAYÉS. 7	SOMMES RESTANT DUES. 8	DATES des commandements. 9	DÉLAIS accordés aux CONTRIBUABLES 10
1									
2									
3									
4									
5									
6									
7									
8									
9									
10									
11									
12									

Le receveur-percepteur soussigné certifie le présent état véritable et demande l'autorisation de poursuivre les redevables y dénommées, par voie de saisie-exécution et vente de meubles.

A Paris, le   189 .

LE PRÉFET DU DÉPARTEMENT DE LA SEINE,

Vu la demande du receveur-percepteur des contributions directes du   arrondissement de perception de Paris, tendant à obtenir l'autorisation de faire saisir-exécuter et vendre les meubles et effets des contribuables dénommés dans l'état d'autre part, à fin de payement des sommes respectivement dues par chacun d'eux ;

Les actes originaux des poursuites exercées contre ces redevables ;

ARRÊTE :

ART. 1ᵉʳ.

Le receveur-percepteur des contributions directes du   arrondissement de perception de Paris est autorisé à faire saisir-exécuter et vendre, dans les formes prescrites par les lois, arrêtés et règlements relatifs au recouvrement des contributions directes, et aux époques indiquées audit état, les meubles et effets des contribuables y désignés, pour avoir payement des sommes respectivement dues par chacun d'eux.

ART. 2.

Dans le cas où le porteur de contraintes ne pourrait exécuter sa commission pour cause de refus d'ouverture de portes du domicile des contribuables, il constatera ce refus dans son procès-verbal, et requerra le commissaire de police du quartier d'assister à l'ouverture desdites portes.

ART. 3.

A défaut de payement dans les huit jours de la date des saisies, le receveur-percepteur pourra, en vertu du présent arrêté, faire vendre les meubles et effets saisis.

ART. 4.

Tous officiers civils et militaires sont invités et, en tant que de besoin, requis de prêter aide et assistance pour que force reste à la loi.

ART. 5.

Ampliation du présent arrêté sera adressée au receveur-percepteur du   arrondissement de perception de Paris, chargé de son exécution.

A Paris, le   185 .

<table>
<tr><td>

DÉPARTEMENT

DE LA SEINE.

VILLE DE PARIS.

---

* arrondiss. de perception,

M.

RECEVEUR-PERCEPTEUR,

rue

Arrêté d'autorisation

Nº

</td><td>

Modèle nº 20.

(Règlem. du 5 août 1851, art. 67.)

CONTRIBUTIONS DIRECTES.

MANDEMENT

par voie de saisie-exécution;

QUARTIER

Rue   nº

M.

</td></tr>
</table>

BORDEREAU DES SOMMES DUES.

ANNÉES.	ARTICLES des rôles.	NATURE des contributions.	MONTANT des taxes.	A-COMPTES payés.	RESTANT dû.
1	2	3	4	5	6
185 .					
185 .		Foncier...........			
		Portes et fenêtres...			
		Mobilier...........			
		Patentes...........			
		Frais de bourse....			
		Frais d'avertissem^ts.			
		Poids et mesures...			
		Biens de mainmorte.			
		Droits de visites....			
		Frais d'inspection d'eaux minérales..			
		Timbre de patentes.			
		Frais { antérieurs ... { de la saisie..			

Le Receveur-Percepteur des contributions directes du arrondissement de perception de Paris, soussigné, en vertu de l'autorisation accordée par arrêté de M. le Préfet, en date du

Mande au sieur

porteur de contraintes, commis pour faire, dans cet arrondissement, les actes de poursuites judiciaires relatifs au recouvrement des contributions directes, de saisir les meubles et effets (autres que ceux exceptés par les lois et règlements) appartenant au contribuable susnommé, lequel n'ayant point satisfait au commandement qui lui a été signifié le 185 de payer ses contributions échues, sera poursuivi par voie de saisie jusqu'à fin de payement, tant de la somme de

qu'il doit pour les termes échus de ses contributions détaillées dans le bordereau ci-contre, que de celles qui viendraient à échoir jusqu'au jour de la vente, et des frais faits et à faire légitimement.

A Paris, le 185 .

Le Receveur-Percepteur,

Modèle n° 21.
(Règlem. du 5 août 1851, art. 67 à 81.)

DÉPARTEMENT
DE LA SEINE.

VILLE DE PARIS.

° arrondiss. de perception.

M.
RECEVEUR-PERCEPTEUR ,
rue

Le bureau est ouvert tous les jours, excepté les dimanches et fêtes, depuis 9 heures du matin jusqu'à 3.

CONTRIBUTIONS DIRECTES.

PROCÈS-VERBAL DE SAISIE-EXÉCUTION.

BORDEREAU DES SOMMES DUES.

ANNÉES.	ARTICLES des rôles.	NATURE des contributions.	MONTANT des taxes.	A-COMPTE payés.	RESTANT dû.
1	2	3	4	5	6
185 .					
185 .	Foncier............				
	Portes et fenêtres...				
	Mobilier...........				
	Patentes...........				
	Frais de bourse.....				
	Frais d'avertissem...				
	Poids et mesures....				
	Biens de mainmorte..				
	Droits de visites....				
	Frais d'inspection d'eaux minérales..				
	Timbre de patentes..				
	Frais { antérieurs ... / du prés. acte.				

Le coût de la saisie-exécution est fixé comme suit, non compris les frais de garde, de timbre et d'enregistrement, savoir :
Pour un débet de 35 fr. et au-dessous. 2f 25c
— au-dessus de 35 fr. jusqu'à 70 fr. 3 »
— au-dessus de 70 fr. jusqu'à 100 fr. 4 50
— au-dessus de 100 fr.. .... 5 50
(Règlement du 5 août 1851, art. 79.)

AVIS IMPORTANT.

Si le contribuable se libère avant que le présent acte ait été soumis à l'enregistrement (formalité qui doit être remplie dans les quatre jours de la date dudit acte), il lui sera fait remise des droits résultant de cet enregistrement.

Rapporter le présent acte en venant au bureau du receveur-percepteur.

L'an mil huit cent cinquante   ,
le

En vertu, tant des rôles des contributions directes du   arrondissement de perception de Paris, rendus exécutoires par M. le préfet du département de la Seine, publiés conformément à la loi , que des articles 67 et 69 du règlement du 5 août 1851 et de l'autorisation accordée par arrêté de M. le préfet, en date du

Et à la requête de M.   ,
receveur-percepteur dudit arrondissement, demeurant à Paris, qui élit domicile en son bureau de recette, établi rue   ,
n°   , un premier commandement de payer en date du   , étant demeuré sans effet,

Je, soussigné,   ,
porteur de contraintes pour l'exercice des poursuites judiciaires relatives au recouvrement des contributions directes, aux termes de la commission dont je suis porteur, et qui m'a été délivrée par M. le préfet de la Seine, le   , demeurant à   rue   , n° ,
ai fait itératif commandement, au nom de la loi et justice, à M.   , demeurant à Paris, rue,   n°

en   domicile, où étant avec les témoins ci-après nommés, en parlant à

de payer au receveur susnommé la somme de

montant des termes échus de   contributions de   année 185 , ainsi qu'il résulte

d   rôle desdites contributions, dont le receveur est porteur, sans préjudice des termes
à échoir et des frais faits et à faire.

Le dit sieur   ayant refusé de payer, je l   ai déclaré que
j'allais à l'instant procéder à la saisie-exécution de   meubles et effets; en conséquence , en présence des deux témoins ci-après nommés, j'ai saisi et mis sous la main de
la justice les objets qui suivent :

1° Dans

Tels sont les meubles et effets trouvés dans lesdits lieux, et que j'ai saisis; et cela fait,
n'ayant plus rien à saisir chez le dit sieur   , je l ai sommé ,
en parlant à

de présenter bon et solvable gardien pour la garde desdits meubles et effets ,

sur $\left\{ \begin{matrix} \text{présentation,} \\ \text{refus,} \end{matrix} \right\}$ j'ai établi gardien de tout ce que dessus saisi le sieur

demeurant à   lequel s'est volontairement chargé et rendu gardien de
tous les objets saisis par le présent procès-verbal, qu'il a déclaré reconnaître , et a
promis de représenter toutes les fois qu'il en serait légalement requis, comme dépositaire judiciaire, et je lui ai signifié , ainsi qu'au dit sieur   que
la vente de tous les objets présentement saisis aurait lieu à la huitaine franche ,
le   à   heure d   , hôtel des commissaires-
priseurs, place de la Bourse, n° 2, et qu'il sera procédé à ladite vente , tant en absence
qu'en présence, au plus offrant et dernier enchérisseur, après l'observation des formalités
prescrites par la loi, et j'ai, au dit sieur   et au gardien susnommé,
en parlant comme il vient d'être dit, laissé, à chacun séparément, copie du présent procès-
verbal, lequel a été dressé en présence dudit gardien et des sieurs

tous deux témoins, qui ont signé avec le gardien et moi, porteur de contraintes.

Le coût du présent procès-verbal est de

Enregistré à Paris, le
Reçu

DÉPARTEMENT
DE LA SEINE.

Modèle n° 29.

(Règlem. du 5 août 1851, art. 72 et 80.)

CONTRIBUTIONS DIRECTES.

PROCÈS - VERBAL DE RÉCOLEMENT

SUR SAISIE-EXÉCUTION ANTÉRIEURE.

DÉPARTEMENT
DE LA SEINE.

VILLE DE PARIS.

° arrondiss. de perception.

M.

RECEVEUR-PERCEPTEUR,

rue

Le bureau est ouvert **tous** les jours, excepté les dimanches et fêtes, depuis 9 heures du matin jusqu'à 3.

BORDEREAU DES SOMMES DUES.

ANNÉES. 1	ARTICLES des rôles. 2	NATURE des contributions. 3	MONTANT des taxes. 4	A-COMPTE payés. 5	RESTANT dû. 6
185 .					
185 .		Foncier..............			
		Portes et fenêtres...			
		Mobilier............			
		Patentes............			
		Frais de bourse....			
		Frais d'avertissem..			
		Poids et mesures...			
		Biens de mainmorte..			
		Droits de visites....			
		Frais d'inspection d'eaux minérales..			
		Timbre de patente..			
		Frais { antérieurs .... { du présent acte			

Le coût du procès-verbal de récolement est fixé comme suit, non compris les frais de timbre et d'enregistrement, savoir :

Pour un débet de 35 fr. et au-dessous. 2 f » c
— au-dessus de 35 fr. jusqu'à 70 fr.. 3 »
— au-dessus de 70 fr. jusqu'à 100 fr. 4 50
— au-dessus de 100 fr.............. 5 50
(Règlement du 5 août 1851, art. 80.)

AVIS IMPORTANT.

Si le contribuable se libère avant que le présent acte ait été soumis à l'enregistrement (formalité qui doit être remplie dans les quatre jours de la date dudit acte), il lui sera fait remise des droits résultant de cet enregistrement.

Rapporter le présent acte en venant au bureau du receveur-percepteur.

L'an mil huit cent cinquante   ,
le

En vertu, tant des rôles des contributions directes du   arrondissement de perception de Paris, rendus exécutoires par M. le préfet du département de la Seine, publiés conformément à la loi, que des articles 67 et 69 du règlement du 5 août 1851 et de l'autorisation accordée par arrêté de M. le préfet, en date du

Et à la requête de M.
Receveur-Percepteur dudit arrondissement, demeurant à Paris, qui élit domicile en son bureau de recette, établi rue   ,
n°   , un premier commandement de payer en date du   , étant demeuré sans effet,

Je, soussigné,   ,
porteur de contraintes pour l'exercice des poursuites judiciaires relatives au recouvrement des contributions directes, aux termes de la commission dont je suis porteur, et qui m'a été délivrée par M. le préfet de la Seine, le   , demeurant à   , rue   , n°   ,
ai fait itératif commandement au nom de la loi et justice, à M.   , demeurant à Paris, rue   , n°   ,

en   domicile, où étant avec les témoins ci-après nommés, en parlant à   ,
de payer au receveur susnommé la somme de
montant des termes échus de   contributions de année 185 , ainsi qu'il résulte
d   rôle desdites contributions dont le receveur est porteur, sans préjudice des termes
à échoir et des frais faits et à faire.

Le dit sieur   ayant refusé de payer, je l   ai déclaré que
j'allais à l'instant effectuer la saisie-exécution de   meubles et effets ;

En conséquence, m'étant mis en devoir de procéder à cette opération, le sieur
                m'a représenté copie d'une précédente saisie desdits meubles et
effets faite sur le dit sieur   à la requête du sieur
par   huissier, et dont le procès-verbal, en date du
enregistré, constitue ledit sieur   pour gardien : sur la représentation qu'il m'a faite desdits meubles et effets saisis, j'ai, conformément à l'article 72 du
règlement précité, procédé ainsi qu'il suit, en présence des deux témoins ci-après nommés, à leur récolement sur la copie dudit procès-verbal :

1° Dans

Après m'être assuré que tous les meubles et effets qui se trouvent en la demeure
d   sieur   étaient compris en ladite saisie, je, soussigné, par le même
acte, aux mêmes requête, qualité et élection de domicile que ci-dessus, ai fait sommation
au sieur   de faire procéder, dans le délai de huit jours, au récolement des meubles et effets saisis par le sieur   , et de suite à la
vente, lui déclarant que, faute par lui de ce faire, le requérant fera procéder lui-même au
récolement et à la vente desdits effets, avec les formalités requises ;

J'ai dressé le présent procès-verbal en présence dudit sieur   , gardien,
et des sieurs
tous deux témoins, qui ont signé avec moi, et ledit gardien, tant l'original du présent que
les copies laissées séparément audit sieur   , partie saisie,
et au sieur   , premier saisissant, en son domicile, parlant à

Le coût du présent procès-verbal est de

Enregistré à Paris, le
Reçu

Modèle n° 23.
(Règlement du 5 août 1851, art. 67.)

DÉPARTEMENT

DE LA SEINE.

VILLE DE PARIS.

ᵉ arrondiss. de perception.

M.

RECEVEUR-PERCEPTEUR,

rue

Arrêté d'autorisation

N°

CONTRIBUTIONS DIRECTES.

MANDEMENT

par voie de saisie-brandon.

QUARTIER

Rue   n°

M.

BORDEREAU DES SOMMES DUES.

ANNÉES.	ARTICLES des rôles.	NATURE des contributions.	MONTANT des taxes.	A-COMPTE payés.	RESTANT dû.
1	2	3	4	5	6
185 .					
185 .		Foncier............			
		Portes et fenêtres...			
		Mobilier............			
		Patentes............			
		Frais de Bourse.....			
		Frais d'avertissemᵗ..			
		Poids et mesures ...			
		Biens de mainmorte..			
		Droits de visites....			
		Frais d'inspection d'eaux minérales..			
		Timbre de patentes..			
		Frais {antérieurs... {de la saisie..			

Le Receveur-percepteur des contributions directes du   arrondissement de perception de Paris soussigné, en vertu de l'autorisation accordée par arrêté de M. le Préfet en date du

Mande au sieur

porteur de contraintes, commis pour faire, dans cet arrondissement, les actes de poursuites judiciaires relatifs au recouvrement des contributions directes, de saisir les fruits pendants par racine appartenant au contribuable susnommé, lequel n'ayant point satisfait au commandement qui lui a été signifié le   185 , de payer ses contributions échues, sera poursuivi par voie de saisie-brandon jusqu'à fin de payement tant de la somme de

qu'il doit pour les termes échus de ses contributions détaillées dans le Bordereau ci-contre, que des frais faits et à faire légitimement.

A Paris, le   185 .

Le Receveur-Percepteur

Modèle n° 24.
(Règlem. du 5 août 1851, art. 67 à 81.)

DÉPARTEMENT
DE LA SEINE.

VILLE DE PARIS.

ᵉ arrondiss. de perception.

M.
RECEVEUR-PERCEPTEUR,
rue

Le bureau est ouvert tous les jours, excepté les dimanches et fêtes, depuis 9 heures du matin jusqu'à 8.

CONTRIBUTIONS DIRECTES.

PROCÈS-VERBAL DE SAISIE-BRANDON.

BORDEREAU DES SOMMES DUES.

ANNÉES.	ARTICLES des rôles.	NATURE des contributions.	MONTANT des taxes.	A-COMPTE payés.	RESTANT dû.
1	2	3	4	5	6
185 .					
185 .		Foncier			
		Portes et fenêtres..			
		Mobilier..........			
		Patentes..........			
		Frais de bourse....			
		Frais d'avertissement			
		Poids et mesures...			
		Biens de mainmorte.			
		Droits de visites			
		Frais d'inspection d'eaux minérales..			
		Timbre de patente..			
		Frais { antérieurs ... { de la saisie..			

Le coût de la saisie-brandon est fixé comme suit, non compris les frais de garde, de timbre et d'enregistrement, savoir :
Pour un débet de 35 fr. et au-dessous... 2f »ᶜ
— au-dessus de 35 fr. jusqu'à 70 fr... 3 »
— au-dessus de 70 fr. jusqu'à 100 fr.. 4 50
— au-dessus de 100 fr.............. 5 50
(Règlement du 5 août 1851, art. 79.)

AVIS IMPORTANT.

Si le contribuable se libère avant que le présent acte ait été soumis à l'enregistrement (formalité qui doit être remplie dans les quatre jours de la date dudit acte), il lui sera fait remise des droits résultant de cet enregistrement.

Rapporter le présent acte en venant au bureau du receveur-percepteur.

L'an mil huit cent cinquante
le

En vertu, tant des rôles des contributions directes du   arrondissement de perception de Paris, rendus exécutoires par M. le préfet du département de la Seine, publiés conformément à la loi, que des articles 67 à 69 du règlement du 5 août 1851 et de l'autorisation accordée par arrêté de M. le préfet, en date du

Et à la requête de M.   ,
receveur-percepteur dudit arrondissement, demeurant à Paris, qui élit domicile en son bureau de recette établi rue
n°   , un premier commandement de payer en date du   , étant demeuré sans effet,

Je, soussigné,
porteur de contraintes pour l'exercice des poursuites judiciaires relatives au recouvrement des contributions directes, aux termes de la commission dont je suis porteur, et qui m'a été délivrée par M. le préfet de la Seine, le   , demeurant
à   , rue   n°   ,
ai fait itératif commandement au nom de la loi et justice, à M.   , demeurant à Paris, rue   n°   ,
en   domicile, où étant avec les témoins ci-après nommés, en parlant à

de payer au receveur susnommé la somme de

montant des termes échus de   contributions de   année 185 , ainsi qu'il résulte
d   rôle desdites contributions dont le receveur est porteur, sans préjudice des termes
à échoir et des frais faits et à faire ;

Le sieur   ayant refusé de payer, je lui ai déclaré
que j'allais à l'instant procéder à la saisie-brandon des fruits pendants par racines
dans { sa propriété............ }
     { la propriété qu'il occupe }

Je me suis, en conséquence, transporté sur un terrain { appartenant au sieur........
                                                       { cultivé par le sieur.........
et contenant

ou environ, situé

lequel terrain est borné au nord par   , au midi
par   , au levant par   , et au
couchant par

Vu par nous, maire du Paris, le ... arrondissement de Paris. 185 .

Et j'ai saisi les

qui couvrent ledit terrain pour lesdits
à la garde desquels j'ai établi le sieur   être vendus
aux enchères dans les délais et suivant les formes établies par la loi. En foi de
quoi j'ai rédigé le présent procès-verbal et j'en ai à l'instant remis une copie audit sieur   .   présent audit procès-verbal de saisie, lequel a déclaré
se charger de la garde desdits fruits saisis, et a signé

Et je suis allé à l'instant remettre aussi une copie du présent procès-verbal au
sieur   , partie saisie, en son domicile précité, et
parlant à   , et enfin, une dernière copie au maire de
l'arrondissement, en ses bureaux, rue   , n°   , à
Paris, en parlant à lui-même, lequel a visé le { présent original } dont le coût
                                               { l'original   }
est de

Enregistré à Paris, le

Reçu

Modèle n° 35.
(Règlem. du 5 août 1851, art. 72 et 80.)

DÉPARTEMENT
DE LA SEINE.

VILLE DE PARIS.

ᵉ arrondiss. de perception.

M.
RECEVEUR-PERCEPTEUR,
rue

Le bureau est ouvert tous les jours, excepté les dimanches et fêtes, depuis 9 heures du matin jusqu'à 3.

CONTRIBUTIONS DIRECTES.

PROCÈS-VERBAL DE RÉCOLEMENT

sur saisie brandon antérieure.

BORDEREAU DES SOMMES DUES.

ANNÉES.	ARTICLES des rôles.	NATURE des contributions.	MONTANT des taxes.	A-COMPTE payés.	RESTANT dû
1	2	3	4	5	6
185 .					
185 .		Foncier...............			
		Portes et fenêtres...			
		—			
		Mobilier.............			
		Patentes.............			
		Frais de bourse....			
		Frais d'avertissement			
		Poids et mesures ...			
		Biens de mainmorte..			
		Droits de visites			
		Frais d'inspection d'eaux minérales..			
		Timbre de patente..			
		Frais { antérieurs.... / du prés. acte.			

Le coût du procès-verbal de récolement est fixé comme suit, non compris les frais de timbre et d'enregistrement, savoir :
Pour un débet de 35 fr. et au-dessous.. 2ᶠ »ᶜ
— au-dessus de 35 fr, jusqu'à 70 fr... 3 »
— au-dessus de 70 fr. jusqu'à 100 fr... 4 50
— au-dessus de 100 fr............... 5 50
(Règlement du 5 août 1851, art. 80.)

AVIS IMPORTANT.

Si le contribuable se libère avant que le présent acte ait été soumis à l'enregistrement (formalité qui doit être remplie dans les quatre jours de la date dudit acte), il lui sera fait remise des droits résultant de cet enregistrement.

Rapporter le présent acte en venant au bureau du receveur-percepteur.

L'an mil huit cent cinquante
le

En vertu, tant des rôles des contributions directes du   arrondissement de perception de Paris, rendus exécutoires par M. le préfet du département de la Seine, publiés conformément à la loi, que des articles 67 à 69 du règlement du 5 août 1851 et de l'autorisation accordée par arrêté de M. le préfet, en date du

Et à la requête de M.   ,
receveur-percepteur dudit arrondissement, demeurant à Paris, qui élit domicile en son bureau de recette, établi rue   ,
n°   , un premier commandement de payer en date du   , étant demeuré sans effet,

Je, soussigné,
porteur de contraintes pour l'exercice des poursuites judiciaires relatives au recouvrement des contributions directes, aux termes de la commission dont je suis porteur, et qui m'a été délivrée par M. le préfet de la Seine, le   , demeurant à   , rue   , n°   ,
ai fait itératif commandement, au nom de la loi et justice, à M.   , demeurant à Paris, rue   , n°   ,
en   domicile où étant avec les témoins ci-après nommés, en parlant à

de payer au receveur susnommé la somme de

montant des termes échus de   contributions de   année   185   , ainsi qu'il résulte
d   rôle   desdites contributions dont le receveur est porteur, sans préjudice des termes
à échoir et des frais faits et à faire ;

Ledit sieur   ayant refusé de payer, je lui ai déclaré
que j'allais à l'instant procéder à la saisie-brandon des fruits pendants par racines

dans { sa propriété............ }
     { la propriété qu'il occupe }

En conséquence, je me suis transporté sur un terrain { appartenant au sieur..........
                                                     { cultivé par le sieur ....

et contenant
ou environ, situé
lequel terrain est borné au nord par   , au midi
par   , au levant, par   , et au
couchant, par

Et m'étant mis en devoir de saisir la récolte d
j'ai trouvé le sieur   , lequel m'a représenté copie d'une pré-
cédente saisie desdites récoltes faites sur le sieur   , à la requête du
sieur   , par   huissier, et dont le procès-verbal, en
date du   , enregistré, constitue ledit sieur
pour gardien ; sur la représentation qu'il m'a faite desdites récoltes, j'ai, conformément à l'article 72 du règlement précité, procédé ainsi qu'il suit au récolement
des fruits pendants par racines, précédemment saisis et mentionnés sur la copie
dudit procès-verbal :

1º Sur

En foi de quoi j'ai rédigé le présent procès-verbal en présence dudit sieur
                    , lequel a signé avec moi.

Et je suis allé, à l'instant, remettre aussi une copie du présent procès-verbal
au sieur   , partie saisie, en son domicile précité, et parlant
à   , et enfin, une dernière copie au maire de l'arrondissement, en ses bureaux, rue   , nº   , à Paris, en parlant à
lui-même, lequel a visé { le présent original }
                        { l'original   } dont le coût est de

Enregistré à Paris, le
Reçu

DÉPARTEMENT

DE LA SEINE.

VILLE DE PARIS.

* arrondiss. de perception.

M.

RECEVEUR-PERCEPTEUR,

rue

Modèle n° 26.

(Règlem. du 5 août 1851, art. 81, 83, 84 et 85.)

CONTRIBUTIONS DIRECTES.

PROCÈS-VERBAL DE CARENCE

(Dressé dans le cas prévu par l'art. 81 du règl. du 5 août 1851.)

BORDEREAU DES SOMMES DUES.

ANNÉES. 1	ARTICLES des rôles. 2	NATURE des contributions. 3	MONTANT des taxes. 4	A-COMPTE payés. 5	RESTANT dû. 6
185 .					
185 .		Foncier.			
		Portes et fenêtres...			
		Mobilier..........			
		Patentes...........			
		Frais de bourse....			
		Frais d'avertissem...			
		Poids et mesures...			
		Biens de mainmorte..			
		Droits de visites.....			
		Frais d'inspection d'eaux minérales..			
		Timbre de patentes.			
		Frais { antérieurs.... du présent acte			

Le coût du procès-verbal de carence est fixé, frais de témoins compris, à 1 fr. 75 c., quel que soit le débet du contribuable poursuivi.

(Règlement du 5 août 1851, art. 85.)

L'an mil huit cinquante
le

En vertu, tant des rôles des contributions directes du   arrondissement de perception de Paris, rendus exécutoires par M. le préfet du département de la Seine, publiés conformément à la loi, que des articles 67 et 69 du règlement du 5 août 1851 et de l'autorisation accordée par arrêté de M. le préfet, en date du

Et à la requête de M.   ,
receveur-percepteur dudit arrondissement, demeurant à Paris, qui élit domicile en son bureau de recette, établi rue   ,
n°   , un premier commandement de payer, en date du   étant demeuré sans effet,

Je, soussigné,
porteur de contraintes pour l'exercice des poursuites judiciaires relatives au recouvrement des contributions directes aux termes de la commission dont je suis porteur, et qui m'a été délivrée par M. le préfet de la Seine, le   demeurant
à   rue   n°
ai fait itératif commandement au nom de la loi et justice, à M.
demeurant à Paris, rue
n°   en   domicile, où étant avec

les témoins ci-après nommés, en parlant à   de payer au receveur
susnommé la somme de   montant des termes échus de
contributions de   année 185   , ainsi qu'il résulte d   rôle   desdites
contributions dont le receveur est porteur, sans préjudice des termes à échoir et des
frais faits et à faire ;

Le dit sieur   ayant refusé de payer, je l   ai déclaré que j'allais
à l'instant procéder à la saisie-exécution de   meubles et effets, et de fait, en la
présence des témoins ci-après nommés, j'ai procédé ainsi qu'il suit :

1° Dans   j'ai trouvé

Lesquels meubles et effets, qui sont pour la plupart déclarés insaisissables par la loi, ne
pouvant répondre du montant des contributions dués par le susnommé, j'ai, conformément à l'article 81 du règlement du 5 août 1831, fait et dressé le présent procès-verbal
de carence, que j'ai rédigé en double original pour servir et valoir ce que de droit ; le
tout fait en présence et assisté des sieurs

témoins requis de m'accompagner, et avec moi soussignés.

Le coût du présent acte est de

Enregistré à Paris, le
Reçu

DÉPARTEMENT

DE LA SEINE.

VILLE DE PARIS.

arrondiss. de perception.

M.

RECEVEUR-PERCEPTEUR.

Modèle n° 27.

(Règlem. du 5 août 1851, art. 82 à 85.)

CONTRIBUTIONS DIRECTES.

PROCÈS-VERBAL D'INSOLVABILITÉ

(Dressé dans le cas prévu par les art. 24 et 82 du
règlement du 5 août 1851.)

BORDEREAU DES SOMMES DUES.

ANNÉES. 1	ARTICLES des rôles. 2	NATURE des contributions. 3	MONTANT des taxes. 4	A-COMPTE payés. 5	RESTANT dû. 6
185 .	185 .	Foncier............			
		Portes et fenêtres...			
		Mobilier..........			
		Patentes..........			
		Frais de bourse....			
		Frais d'avertissem...			
		Poids et mesures...			
		Biens de mainmorte.			
		Droits de visites....			
		Frais d'inspection d'eaux minérales..			
		Frais { antérieurs.... { du prés. acte..			

Le coût du procès-verbal d'insolvabilité est fixé à
75 cent., quel que soit le débet du contribuable
poursuivi.

(Règlement du 5 août 1851, art. 85.)

L'an mil huit cent cinquante

le

Je, soussigné,
porteur de contraintes pour l'exercice des
poursuites relatives au recouvrement des contributions directes, dûment commissionné et
assermenté, m'étant présenté au domicile
du sieur

demeurant à   rue
n°   pour lui notifier un
à la requête du receveur-percepteur du
arrondissement de perception de Paris, et
ce contribuable m'ayant paru être dans
l'impossibilité absolue de se libérer, cas
prévu par les articles 24 et 82 du règlement,
j'ai rendu compte de l'état des choses au
receveur-percepteur, qui m'a invité à le constater régulièrement.

En conséquence, procédant à la vérification nécessaire, j'ai reconnu que les objets
garnissant les lieux occupés par le contribuable, se composent des meubles et effets
ci-après désignés, savoir :

lesquels meubles et effets sont, pour la plupart, déclarés insaisissables par la loi et tout à fait insuffisants pour répondre du montant des contributions dues par le contribuable susnommé.

Le présent procès-verbal a été dressé en double original pour servir et valoir ce que de droit.

Vu et approuvé,

Paris, le   185 .

Le receveur-percepteur du   arrondissement de perception de Paris,

Je, soussigné, répartiteur adjoint, certifie, après vérification faite, que

DÉPARTEMENT

DE LA SEINE.

VILLE DE PARIS.

* arrondiss. de perception.

Mois d   185 .

(*) Les actes de même na-
ture devront être inscrits à
la suite les uns des autres,
sans interruption.

Modèle n° 28.

(Règlem. du 5 août 1851, art. 83.)

ÉTAT *détaillé des Certificats d'indigence, Procès-verbaux d'insolvabilité et Procès-verbaux de carence transmis à la Préfecture de la Seine en exécution de l'article 83 du Règlement du 5 août 1851 sur les poursuites en matière de contributions directes.*

NATURE des ACTES (*). 1	DATE des CERTIFIC⁵ ou procès-verbaux. 2	NOMS des CONTRIBUABLES. 3	NATURE de la CONTRIBU-TION. 4	EXERCICE. 5	ARTICLE du rôle. 6	MONTANT de la taxe. 7	A-COMPTE payés. 8	RESTANT DU. 9	OBSERVATIONS 10

CERTIFIÉ exact.

Paris, le   185 .

Le Receveur-Percepteur du   arrond. de perception.

DÉPARTEMENT
DE LA SEINE.

VILLE DE PARIS.

ᵉ arrondiss. de perception.

M.
RECEVEUR-PERCEPTEUR.

QUARTIER

Rue   nᵒ

M.

BORDEREAU DES SOMMES DUES.

Modèle nᵒ 29.
(Règlem. du 5 août 1851, art. 57.

CONTRIBUTIONS DIRECTES.

MANDEMENT

par voie de signification de vente.

ANNÉES.	ARTICLES des rôles.	NATURE des contributions.	MONTANT des taxes.	A-COMPTE payés.	RESTANT dû.
1	2	3	4	5	6
185 .					
185 .		Foncier.............			
		Portes et fenêtres...			
		Mobilier...........			
		Patentes...........			
		Frais de bourse....			
		Frais d'avertissemᵗˢ.			
		Poids et mesures...			
		Biens de mainmorte.			
		Droits de visites....			
		Frais d'inspection d'eaux minérales.			
		Timbre de patente..			
		Frais { antérieurs... de la signification de vente.			

Le receveur-percepteur des contributions directes du   arrondissement de perception de Paris, attendu que la vente des meubles et effets mobiliers saisis sur le sieur   , par procès-verbal de   , porteur de contraintes, en date du n'a pu avoir lieu au jour indiqué par ledit procès-verbal, par suite de

Mande au sieur porteur de contraintes commis pour faire, dans l'arrondissement susdésigné, les actes de poursuites judiciaires, de faire sommation au sieur   , susnommé, de se trouver présent à la vente de ses meubles et effets, qui aura lieu le heure de   , à l'hôtel des commissaires-priseurs, pour avoir payement tant de la somme de

qu'il doit pour les termes échus des contributions détaillées dans le bordereau ci-contre, que des frais faits et à faire légitimement.

Paris, le   185 .

Le Receveur-Percepteur,

Modèle n° 30.
(Règlem. du 5 août 1851, art. 87 et 94.)

CONTRIBUTIONS DIRECTES.

SIGNIFICATION DE VENTE.

BORDEREAU DES SOMMES DUES.

ANNÉES.	ARTICLES des rôles.	NATURE des contributions.	MONTANT des taxes.	A-COMPTE payés.	RESTANT du.
1	2	3	4	5	6
185 .					
185 .	Foncier			
	Portes et fenêtres . . .			
	Mobilier			
	Patentes			
	Frais de bourse			
	Frais d'avertissem^ts.			
	Poids et mesures . . .			
	Biens de mainmorte			
	Droits de visites			
	Frais d'inspection d'eaux minérales .			
	Timbre de patente .			
	Frais {antérieurs . . . (du prés. acte.			

Le coût de la signification de vente est fixé comme suit, non compris les frais de timbre et d'enregistrement, savoir :
Pour un débet de 35 fr. et au-dessous . . . 25^c
— au-dessus de 35 fr. et jusqu'à 70 fr. » 50
— au-dessus de 70 fr. et jusqu'à 100 fr. » 75
— au-dessus de 100 fr. . . . . 1 »
(Règlement du 5 août 1851, art. 94.)

AVIS IMPORTANT.

Si le contribuable se libère avant que le présent acte ait été soumis à l'enregistrement (formalité qui doit être remplie dans les quatre jours de la date dudit acte), il lui sera fait remise des droits résultant de cet enregistrement.

Rapporter le présent acte en venant au bureau du receveur-percepteur.

L'an mil huit cent cinquante   ,
le
à la requête de M.   ,
receveur-percepteur des contributions directes du   arrondissement de perception de la ville de Paris, lequel fait élection de domicile en son bureau de recette, établi à Paris, rue   , n°   ;

Je, soussigné,   ,
porteur de contraintes pour l'exercice des poursuites relatives au recouvrement des contributions directes, aux termes de la commission dont je suis porteur, et qui m'a été délivrée par M. le préfet de la Seine, le   , ai signifié et déclaré à M.   ,
demeurant à Paris, rue
n°   , que les effets saisis sur
à la requête dudit receveur-percepteur, par procès-verbal de   , porteur de contraintes judiciaires, en date du   , dûment enregistré, n'ayant pas été vendus au jour indiqué par ledit procès verbal, par suite d

      il sera, à la requête, poursuites et diligences du receveur-percepteur susnommé, procédé le   ,
à   heure d   , à l'enlèvement et au transport desdits effets à l'hôtel des commissaires-priseurs, place de la

Bourse, n° 2, pour y être vendus en la forme voulue par la loi, au plus offrant et dernier enchérisseur, par le ministère du commissaire-priseur qui sera requis par moi à cet effet, sommant en conséquence le sieur   d'être présent à ladite vente, si bon l   semble, et d'y faire trouver enchérisseurs en nombre suffisant ; l   déclarant qu'à défaut de payement de la somme de

par   due pour les termes échus des contributions détaillées au bordereau d'autre part, sans préjudice des termes à échoir et des frais faits et à faire, il sera procédé à tout ce que dessus, tant en absence qu'en présence, et à ce que le susnommé n'en ignore, je lui ai, en   domicile et parlant à   , laissé la présente copie, dont le coût est de

Enregistré à Paris, le

Reçu

Modèle n° 21.
(Règlem. du 5 août 1851, art. 36.)

PRÉFECTURE DU DÉPARTEMENT DE LA SEINE.

VILLE DE PARIS.

Contributions directes.

VENTE PAR AUTORITÉ DE JUSTICE,

En vertu d'arrêté de M. le Préfet,

Pour cause de retard dans le payement des termes échus sur lesdites contributions,

PLACE DE LA BOURSE, N° 2,

HOTEL DES COMMISSAIRES-PRISEURS,

Le   *heure de midi.*

Cette **VENTE** consiste en

LE TOUT AU COMPTANT.

DÉPARTEMENT

DE LA SEINE.

VILLE DE PARIS.

ͨ arrondiss. de perception.

M.

RECEVEUR-PERCEPTEUR,

rue

CONTRIBUTIONS DIRECTES.

PROCÈS-VERBAL D'APPOSITION D'AFFICHES.

BORDEREAU DES SOMMES DUES.

ANNÉES.	ARTICLES des rôles.	NATURE des contributions.	MONTANT des taxes.	A-COMPTE payés.	RESTANT dû.
1	2	3	4	5	6
185 .					
185 .		Foncier			
		Portes et fenêtres ..			
		Mobilier...........			
		Patentes...........			
		Frais de bourse			
		Frais d'avertissem⁵..			
		Poids et mesures....			
		Biens de mainmorte.			
		Droits de visites....			
		Frais d'inspection d'eaux minérales..			
		Timbre de patente..			
		Frais }antérieurs ... }du prés. acte.			

L'an mil huit cent cinquante
le
à la requête de M.
Receveur-Percepteur du   arrondissement
de perception de Paris,

Pour qui domicile est élu en son bureau de
recette, établi rue   n°

Je, soussigné,
porteur de contraintes pour l'exercice des
poursuites judiciaires relatives au recouvrement des contributions directes aux termes
de la commission dont je suis porteur, et
qui m'a été délivrée par M. le Préfet de la
Seine, le
demeurant à
rue   n°   , certifie
m'être, cejourd'hui, transporté dans Paris,
aux lieux désignés par la loi, accompagné du
sieur   afficheur, demeurant à   rue
n°   , auxquels lieux il a été, en ma présence, mis et apposé, par ce dernier, des
placards manuscrits semblables à celui ci-
annexé, au nombre de   exem-
plaires, indiquant pour le
la vente des meubles et effets saisis sur le
sieur   par procès-verbal de
            porteur de contraintes, en date
du   dûment enregistré, pour
avoir payement tant de la somme de
                montant des
termes échus sur les contributions détaillées dans le bordereau ci-contre, que des
frais faits et à faire.

De laquelle apposition j'ai fait et rédigé le
présent procès-verbal, qui a été signé avec
moi par ledit afficheur, auquel j'ai payé
            francs   pour son salaire.

Le coût est de

Modèle n° 32.
(Règlem. du 5 août 1851, art. 94.)

DÉPARTEMENT

DE LA SEINE.

VILLE DE PARIS.

* arrondiss. de perception.

M.

RECEVEUR-PERCEPTEUR.

rue

CONTRIBUTIONS DIRECTES.

PROCÈS-VERBAL DE RÉCOLEMENT

Avant la vente.

BORDEREAU DES SOMMES DUES.

ANNÉES.	ARTICLES des rôles.	NATURE des contributions.	MONTANT des taxes.	A-COMPTE payés	RESTANT dû.
1	2	3	4	5	6
183 .					
185 .		Foncier			
		Portes et fenêtres . . .			
		Mobilier			
		Patentes			
		Frais de Bourse			
		Frais d'avertissem^t.			
		Poids et mesures . . .			
		Biens de mainmorte			
		Droits de visites			
		Frais d'inspection d'eaux minérales .			
		Timbre de patente . .			
		Frais { antérieurs . . { du prés. acte.			

L'an mil huit cent cinquante

le

en vertu, tant des rôles des contributions directes du   arrondissement de perception de Paris, rendus exécutoires par M. le Préfet du département de la Seine, publiés conformément à la loi, que de l'autorisation accordée par arrêté de M. le Préfet, en date du

Et à la requête de M.   ,
Receveur-Percepteur dudit arrondissement, demeurant à Paris, qui élit domicile en son bureau de recette établi rue   n°   ,

Je, soussigné

porteur de contraintes, pour l'exercice des poursuites judiciaires relatives au recouvrement des contributions directes, aux termes de la commission dont je suis porteur, et qui m'a été délivrée par M. le Préfet de la Seine,

le

demeurant à

rue   n°

ai fait itératif commandement, au nom de la loi et justice, à M.

demeurant à

rue   n°   .

En   domicile où étant avec les témoins ci-après nommés, parlant à   ,

de payer au Receveur susnommé la somme de

montant des termes échus de   contributions de   année 185   ainsi qu'il résulte des rôles desdites contributions dont le susdit Receveur est porteur, sans préjudice des frais faits et à faire.

6

Le dit sieur   ayant refusé de payer, je l   ai déclaré que j'allais à l'instant procéder au récolement des meubles et effets mobiliers saisis par procès-verbal de   porteur de contraintes, en date du
dûment enregistré.

Comme de fait, pour y parvenir, j'ai sommé le sieur   gardien établi par le procès-verbal de saisie susdaté, ici présent, parlant à sa personne, de me représenter les objets saisis, lequel ayant obtempéré à ma réquisition, j'ai procédé audit récolement et j'ai reconnu que tous les objets relevés au procès-verbal de saisie étaient fidèlement représentés; en conséquence de quoi le gardien est par ces présentes déchargé de la garde d'iceux.

Ce fait, à l'aide de   homme   de peine et de   voiture , j'ai fait charger les objets saisis par le procès-verbal susdaté et transporter à l'hôtel des commissaires-priseurs, place de la Bourse, n° 2, à Paris, où étant arrivé, j'ai remis le tout à la disposition de M°   commissaire-priseur attaché à la Préfecture de la Seine, demeurant à Paris, par moi requis, pour procéder immédiatement à la vente desdits objets.

J'ai payé à   , homme de peine, la somme de

Et au voiturier celle de   lesquels ont signé le présent procès-verbal que j'ai rédigé assisté du sieur   demeurant à Paris, rue   n°   , et du sieur
demeurant à Paris, rue   n°   , tous deux témoins requis avec moi soussignés.

Le Coût du présent procès-verbal est de

Enregistré à Paris, le
Reçu

DÉPARTEMENT

DE LA SEINE.

—

VILLE DE PARIS.

—

ᵉ arrondiss. de perception.

—

M.

RECEVEUR-PERCEPTEUR.

—

Modèle n° 3.8.

(Règlem. du 5 août 1831, art 98)

CONTRIBUTIONS DIRECTES.

MANDEMENT PAR VOIE DE SOMMATION

à un Tiers-Détenteur ou Débiteur

De sommes affectées au privilége du Trésor.

QUARTIER

Rue   nᵒ

M.

BORDEREAU DES SOMMES DUES.

ANNÉES.	ARTICLES des rôles.	NATURE des contributions.	MONTANT des taxes.	A-COMPTE payés.	RESTANT dû.
1	2	3	4	5	6
185 .					
185 .		Foncier...........			
		Portes et fenêtres...			
		Mobilier...........			
		Patentes...........			
		Frais de Bourse....			
		Frais { antérieurs.... { de la sommat.			

(*) Le blanc réservé est laissé pour pouvoir indiquer à quel titre le tiers saisi sera débiteur des contributions lorsqu'il ne s'agira pas de loyers.

En vertu des rôles des contributions directes du   arrondissement de perception de Paris, rendus exécutoires par M. le Préfet de la Seine, je, soussigné, Receveur-Percepteur dudit arrondissement, mande au sieur

porteur de contraintes commis pour faire dans cet arrondissement les actes de poursuites judiciaires, de sommer le sieur

de verser entre mes mains le montant des sommes dont il   ou ser   redevable envers le sieur

comme locataire de la maison sise rue   nᵒ , pour le prix de   loyers échus ou à échoir à l'époque du

(ou pour)*

jusqu'à concurrence de celle de

due par le sieur .

pour les termes exigibles des contributions dont le détail est ci-contre , et de faire défense audit sieur

de se dessaisir en d'autres mains que les miennes de toutes sommes qu'il doi ou dev   au sieur

sous peine de payer deux fois et de tous dommages et intérêts.

Paris, le   185 .

Le Receveur-Percepteur du   arrondiss.

VILLE DE PARIS.

ARRONDISSEMENT

DE PERCEPTION.

M.

RECEVEUR-PERCEPTEUR,

rue

Le coût de la sommation à un tiers détenteur est fixé comme suit, savoir :

Pour l'original et la copie signifiée à la partie,
Pour un débet de
35 fr. et au-dessous. »f 40c
Au-dessus de 35 fr.
jusqu'à 70......... » 30
Au-dessus de 70 fr.
jusqu'à 100........ 1 20
Au-dessus de 100 f. 2 »
Pour chaque copie
en sus............. » 25

(Règlement du 5 août 1831, art. 97.)

Modèle n° 35.

(Règlem. du 5 août 1851, art. 96, 97, 98 et 100.)

CONTRIBUTIONS DIRECTES.

SOMMATION

A un Tiers-Détenteur ou Débiteur

De sommes appartenant à un contribuable et affectées au privilége du Trésor, en vertu de la loi du 12 novembre 1808.

(ORIGINAL.)

Quartier

EXERCICE 185 .

(ART.   DU RÔLE.)

BORDEREAU *des sommes dues par M.)*
propriétaire de la maison sise à Paris,
Rue   n°

                       fr. c.

Contribution foncière de ladite maison........   fr.   e.
Douzièmes échus au   ....
Frais de poursuites.................................

TOTAL...............

L'an mil huit cent cinquante   , le
à la requête de M.   receveur-percepteur
du   arrondissement de perception de Paris, lequel fait élection de domicile en son bureau de recette établi rue   n°
Je, soussigné,   porteur de contraintes,
pour l'exercice des poursuites judiciaires relatives au recouvrement des contributions directes, aux termes de la commission dont je suis porteur, et qui m'a été délivrée par M. le préfet de la Seine, le   demeurant à

rue   n°

AI FAIT SOMMATION

à M.   demeurant à Paris, susdite rue
              n°   parlant a
à M.   demeurant même maison,
    parlant a
à M.   demeurant même maison,
    parlant a
à M.   demeurant même maison,
    parlant a
à M.   demeurant même maison,
    parlant a
à M.   demeurant même maison,
    parlant a
de verser entre les mains du requérant sur les sommes qu'   doi   ou devr
au   sieur   et notamment sur le montant
de   loyers échus ou à échoir jusqu'à concurrence de la somme de

due au requérant par le dit sieur   pour les termes échus et
exigibles des contributions de la maison susdésignée, ainsi qu'il résulte d   rôle
des contributions directes de   année 183 , dont le susdit receveur-percepteur est porteur, rendu exécutoire par M. le préfet du département de la Seine, et publié conformément aux lois, sans préjudice des termes à échoir, ainsi que des frais faits et à faire,
l   déclarant que faute par   d'avoir obtempéré à la présente sommation dans le
délai de   y ser   contraint   par toutes les voies de droit, et poursuivi de la
même manière que le dit propriétaire   même , en vertu du privilége du Trésor public
pour le recouvrement des contributions directes, lequel privilége sera exercé par le receveur-percepteur, nonobstant toute opposition antérieure à la présente.

Et, en tant que de besoin, je, soussigné, parlant comme dessus, mêmes requête et élection de domicile, ai fait défense au dit sieur susnommé de se dessaisir en d'autres
mains que celles du requérant, de toutes sommes ou deniers quelconques qu'   doi   ou
devr   au sieur   , sous peine de payer deux fois, et de
tous dommages et intérêts, et pour que le dit susnommé n'en ignore   , je l   ai,
en   domicile et parlant comme dessus, laissé copie du présent, dont le coût est
de

VILLE DE PARIS.

* ARRONDISSEMENT
DE PERCEPTION.

M,

RECEVEUR-PERCEPTEUR,

rue

Le coût de la sommation à un tiers détenteur est fixé comme suit, savoir :

Pour l'original et la copie signifiée à la partie
Pour un débet de
25 fr. et au-dessous. »ʳ 40ᶜ
Au-dessus de 25 fr.
jusqu'à 70......... » 80
Au-dessus de 70 fr.
jusqu'à 100........ 1 20
Au-dessus de 100 f. 2 »
Pour chaque copie
en sus............ » 25

(Règlement du 5 août 1851, art. 97.)

Modèle n° 36.

(Règlem. du 5 août 1851, art. 96, 97, 98 et 100.)

CONTRIBUTIONS DIRECTES.

SOMMATION

A un Tiers-Détenteur ou Débiteur

De sommes appartenant à un contribuable et affectées au privilège du Trésor,

en vertu de la loi du 12 novembre 1808.

Quartier

EXERCICE 185 .

(ART.   DU RÔLE.)

BORDEREAU des sommes dues par M.
propriétaire de la maison sise à Paris,
Rue   n°

	fr. c.	fr. c.
Contribution foncière de ladite maison........		
Douzièmes échus au	....	
Frais de poursuites...............................		
TOTAL..............		

L'an mil huit cent cinquante   le
à la requête de M.   receveur-percepteur
du   arrondissement de perception de Paris, lequel fait élection de domicile en son bureau de recette établi rue   n°
Je, soussigné,   porteur de contraintes,
pour l'exercice des poursuites judiciaires relatives au recouvrement des contributions directes, aux termes de la commission dont je suis porteur, et qui m'a été délivrée par M. le préfet de la Seine, le   demeurant

à

Rue   , n°

AI FAIT SOMMATION

à M   demeurant à Paris, susdite rue
                                        n°   en   domicile,

parlant a

de verser entre les mains du requérant sur les sommes qu'   doi   ou devr   au

sieur   et notamment sur le montant de

loyers échus ou à échoir jusqu'à concurrence de la somme de

due au requérant par le dit sieur

pour les termes échus et exigibles des contributions de
la maison susdésignée, ainsi qu'il résulte d   rôle   des contributions directes d
année 183   , dont le susdit receveur-percepteur est porteur, rendu   exécutoire par M. le préfet du département de la Seine, et publié conformément aux lois,
sans préjudice des termes à échoir, ainsi que des frais faits et à faire, l   déclarant
que, faute par   d'avoir obtempéré à la présente sommation dans le délai de
       y ser   contraint par toutes les voies de droit, et poursuivi de la même
manière que le dit propriétaire même , en vertu du privilége du Trésor public pour
le recouvrement des contributions directes, lequel privilége sera exercé par le receveur-
percepteur, nonobstant toute opposition antérieure à la présente.

Et, en tant que de besoin, je, soussigné, parlant comme dessus, mêmes requête et
élection de domicile, ai fait défense au dit sieur susnommé de se dessaisir, en d'autres mains que celles du requérant, de toutes sommes et deniers quelconques qu'
doi   ou devr   au sieur   sous peine de payer deux fois,
et de tous dommages et intérêts; et pour que le dit susnommé n'en ignore , je l
ai, en   domicile et parlant comme dessus, laissé la présente copie, dont le coût est
de

DÉPARTEMENT

DE LA SEINE.

VILLE DE PARIS.

ᵉ arrondiss. de perception.

M,

RECEVEUR-PERCEPTEUR.

Modèle n° 33.

(Règlem. du 5 août 1851, art 94.)

MANDEMENT

par voie de saisie-arrêt.

QUARTIER

Rue

n°

M.

BORDEREAU DES SOMMES DUES.

ANNÉES.	ARTICLES des rôles.	NATURE des contributions.	MONTANT des taxes.	A-COMPTE payés.	RESTANT dû.
1	2	3	4	5	6
185 .					
185 .		Foncier...........			
		Portes et fenétres...			
		Mobilier..........			
		Patentes..........			
		Frais de Bourse....			
		Frais d'avertiss⁺....			
		Poids et mesures...			
		Biens de mainmorte.			
		Droits de visites....			
		F r a i s d'inspection d'eaux minérales..			
		Timbre de patentes..			
		Frais { antérieurs... de la saisie-arrêt......			

En vertu des rôles des contributions directes du   arrondissement de perception de Paris, rendus exécutoires par M. le Préfet de la Seine, je, soussigné, Receveur-Percepteur dudit arrondissement, mande au sieur porteur de contraintes commis pour faire dans cet arrondissement les actes de poursuites judiciaires, de saisir-arrêter entre les mains d sieur

toutes les sommes dont il   ou ser   redevable envers le sieur à quelque titre que ce soit, et notamment pour

et de l   faire défense de se dessaisir desdites sommes à peine de payer deux fois, et de tous dommages-intérêts.

Laquelle saisie-arrêt sera faite pour sûreté, conservation et avoir payement de la somme de dont le sieur redevable pour les termes exigibles des contributions dont le détail est ci-contre.

Paris, le   185 .

Le Receveur-Percepteur du   arrondiss⁺.

DÉPARTEMENT
DE LA SEINE.

VILLE DE PARIS.

* arrondiss. de perception.

M,

RECEVEUR-PERCEPTEUR,

rue

Modèle n° 36.
(Règlem. du 5 août 1851, art. 96 à 100.)

CONTRIBUTIONS DIRECTES.

SAISIE-ARRÊT OU OPPOSITION.

BORDEREAU DES SOMMES DUES.

ANNÉES. 1	ARTICLES des rôles. 2	NATURE des contributions. 3	MONTANT des taxes. 4	A-COMPTE payés. 5	RESTANT dû. 6
185 .					
185 .	Foncier.				
	Portes et fenêtres. . .				
	Mobilier.				
	Patentes.				
	Frais de bourse.				
	Frais d'avertissem. . .				
	Poids et mesures. . . .				
	Biens de mainmorte.				
	Droits de visites. . . .				
	Frais d'inspection d'eaux minérales . .				
	Timbre de patente. .				
	Frais { antérieurs. . . . { du présent acte				

Le coût de la saisie-arrêt, original et copie, est fixé comme suit, non compris les frais de timbre et d'enregistrement, savoir :

Pour un débet de 35 fr. et au-dessous. »f 40 c
Au-dessus de 35 fr. jusqu'a 70. . . . . . . » 80
Au-dessus de 70 jusqu'à 100. . . . . 1 20
Au-dessus de 100 fr. . . . . 2 »
Chaque copie en sus. . . . . » 25

(Règlement du 5 août 1851, art. 97.)

Rapporter le présent acte en venant au bureau du receveur-percepteur.

L'an mil huit cent cinquante
le
à la requête de M.
receveur-percepteur des contributions directes du   arrondissement de perception de Paris, qui élit domicile en son bureau de recette, établi rue
n°

Je, soussigné,
porteur de contraintes pour l'exercice des poursuites judiciaires relatives au recouvrement des contributions directes, aux termes de la commission dont je suis porteur et qui m'a été délivrée par M. le préfet de la Seine, le   demeurant à
rue   n°

Ai signifié et déclaré au   sieur
demeurant à   * en
domicile et en parlant à
que le requérant s'oppose à ce que le sieur
          se désaisisse   et fasse
payement ès-mains de qui que ce soit, de toutes les sommes et deniers comptant, loyers, fermages et autres objets mobiliers. quelconques qu'il doi   ou devr   au sieur
          ou dont il ou ser   déposi-taire ou détenteur , à quelque titre que ce soit, et appartenant au dit sieur
notamment de la somme de
que le dit sieur

doi   au susdit sieur   pour   sous peine de
payer deux fois et de tous dommages et intérêts.

Ladite opposition est formée pour sûreté, conservation et avoir payement de la somme
de   due au requérant par le sieur
pour le montant des contributions échues d   année 185 , ainsi qu'il résulte d
rôle   desdites contributions, dont le susdit receveur-percepteur est porteur, rendu exécutoire par M. le préfet du département de la Seine, et publié, conformément aux lois
sans préjudice des termes à échoir et des frais faits et à faire, et pour que le dit sieur
n'en ignore , je l   ai, en   domicile et parlant comme dessus, laissé copie du présent
exploit, dont le coût est de

Enregistré à Paris, le
Reçu

DÉPARTEMENT
DE LA SEINE.

VILLE DE PARIS.

arrondiss. de perception.

RECEVEUR-PERCEPTEUR.

Modèle n° 39.
(Règlem. du 5 août 1851, art. 97.)

CONTRIBUTIONS DIRECTES.

DÉNONCIATION AU SAISI,

AVEC ASSIGNATION EN VALIDITÉ.

BORDEREAU DES SOMMES DUES.

ANNÉES.	ARTICLES des rôles.	NATURE des contributions.	MONTANT des taxes.	A-COMPTE payés,	RESTANT dû.
1	2	3	4	5	6
		Foncier			
		Portes et fenêtres...			
		—			
		Mobilier...........			
		Patentes...........			
		—			
		Frais de bourse. ...			
		Frais d'avertissem...			
		Poids et mesures ...			
		Biens de mainmorte.			
		Droits de visites. ..			
		Frais d'inspection d'eaux minérales..			
		Timbre de patente..			
		Frais { antérieurs. .... { du présent acte			

Le coût de la dénonciation au saisi, original et
copie, est fixé comme suit, non compris les frais
de timbre et d'enregistrement, savoir :

Pour un débet de 35 fr. et au-dessous. »f 40 c
Au-dessus de 35 fr. jusqu'à 70... ... » 80
Au-dessus de 70 fr. jusqu'à 100........ 1 20
Au-dessus de 100 fr................... 2 »
Pour chaque copie en sus............. » 25
(Règlement du 5 août 1851, art. 97.)

Apporter le présent acte en venant au bureau du
receveur-percepteur.

L'an mil huit cent-cinquante
le
à la requête de M.
receveur-percepteur des contributions directes du   arrondissement de perception de
Paris, qui élit domicile en son bureau de
recette, établi rue
n°

Je, soussigné,
porteur de contraintes pour l'exercice des
poursuites judiciaires relatives au recouvrement des contributions directes, aux termes
de la commission dont je suis porteur et qui
m'a été délivrée par M. le préfet de la Seine,
le   demeurant à
rue   n°

Ai signifié et donné copie en tête du présent au sieur
en   domicile et en parlant à

D'un exploit de mon ministère en date
du   , dûment enregistré, contenant opposition à la requête du receveur-
percepteur susnommé, sur le dit sieur
                entre les mains d sieur
demeurant à   pour sûreté,
conservation et avoir payement de la somme
de   due au requérant par le   dit
sieur   pour le montant des
contributions échues d   année 185
ainsi qu'il résulte d   rôle   desdites contri-

butions dont ledit receveur-percepteur est porteur , rendu exécutoire par M. le préfet du département de la Seine, et publié conformément aux lois, sans préjudice des termes à échoir et des frais faits et à faire.

Et à mêmes requête, demeuré et élection de domicile que ci-dessus, j'ai, porteur des contraintes susdit et soussigné, donné assignation au dit sieur   en domicile, et parlant comme il vient d'être dit , à comparaître, dans la huitaine de la loi (huitaine franche), à l'audience du tribunal civil de première instance de la Seine pour voir déclarer ladite opposition bonne et valable, attendu que la dette est constante en conséquence, voir ordonner que les sommes dont le sieur (le tiers saisi) se reconnaîtr   ou ser   jugé débiteur envers le dit sieur (le saisi), seront versées par entre les mains du requérant, en déduction ou jusqu'à concurrence de la somme à lui due en principal et frais, et pour se voir condamner en outre aux dépens; l   déclarant que Me   , avoué près ledit tribunal, occupera pour le requérant sur la présente assignation ; et j'ai, au dit sieur   en   domicile, et parlant comme il a été dit, laissé copie, certifiée sincère et véritable, tant de l'exploit susdaté que du présent, dont le coût est de

Enregistré à Paris, le

Reçu

Modèle n° 40.

(Règlem. du 5 août 1851 art. 97.)

DÉPARTEMENT

DE LA SEINE.

VILLE DE PARIS.

° arrondiss. de perception.

M.

RECEVEUR-PERCEPTEUR,

rue

CONTRIBUTIONS DIRECTES.

DÉNONCIATION AU TIERS SAISI

de la demande en validité de la saisie-arrêt,

ET ASSIGNATION EN DÉCLARATION AFFIRMATIVE.

BORDEREAU DES SOMMES DUES.

ANNÉES.	ARTICLES des rôles.	NATURE des contributions.	MONTANT des taxes.	A-COMPTE payés.	RESTANT dû.
1	2	3	4	5	6
185 .					
185 .		Foncier............			
		Portes et fenêtres...			
		Mobilier..........			
		Patentes..........			
		Frais de Bourse....			
		Frais d'avertissem^ts..			
		Poids et mesures....			
		Biens de mainmorte..			
		Droits de visites....			
		Frais d'inspection d'eaux minérales.			
		Timbre de patentes..			
		Frais { antérieurs... { du prés^t acte.			

Le coût de la dénonciation au tiers saisi, original
et copie, est fixé comme suit, non compris les frais
de timbre et d'enregistrement, savoir :
Pour un débet de 35 francs et au-dessous.. »f 40°
Id. au-dessus de 35 jusqu'à 70 francs... » 80
Id. au-dessus de 70 jusqu'à 100 francs... 1 20
Id. au-dessus de 100 francs.......... 2 »
Chaque copie en sus................. » 25
(Règlement du 5 août 1851, art. 97.)

L'an mil huit cent cinquante-
le
à la requête de M.
Receveur-Percepteur des contributions directes du   arrondissement de perception
de Paris, qui élit domicile en son bureau
de recette établi rue
n°
Je, soussigné, porteur de contraintes pour
l'exercice des poursuites judiciaires relatives
au recouvrement des contributions directes,
aux termes de la commission dont je suis
porteur, et qui m'a été délivrée par M. le
Préfet de la Seine, le
demeurant à
Ai signifié et donné copie au sieur

demeurant
à   en   domicile,
et parlant à
D'un exploit de mon ministère, en date
du   dûment enregistré, fait
à la requête du Receveur-Percepteur susnommé contenant dénonciation au   sieur
demeurant à
de l'opposition formée sur   entre les
mains d dit   sieur
par exploit de moi, porteur de contraintes
susdit et soussigné, en date du
dûment enregistré, et assignation pour voir
déclarer bonne et valable ladite opposition ;

Et à mêmes requête, demeure et élection de domicile que ci-dessus, j'ai, porteur de contraintes susdit et soussigné, donné assignation au dit sieur
en   domicile, en parlant comme il vient d'être dit, à comparaître, dans la huitaine de la loi, outre un jour par trois myriamètres de distance, à l'audience du Tribunal de 1re instance de la Seine, pour voir ordonner qu'attendu qu'il y a titre authentique, le sieur   ser   tenu de faire, dans les délais et la forme voulus par la loi, la déclaration affirmative de toutes les sommes qu'il peu   devoir, à quelque titre que ce soit, au sieur   et à l'appui de ladite déclaration, de produire tous titres et quittances; et, en conséquence, voir ordonner qu'il ser   tenu   de payer entre les mains du requérant la somme dont il ser reconnu ou aur   été jugé   débiteur , en déduction ou jusqu'à concurrence du montant de la somme due au requérant en principal et frais, 1   déclarant que, faute par   de faire ladite déclaration affirmative, il ser   réputé débiteur pur et simple des causes de l'opposition dudit requérant, et comme tel , condamné par le jugement à intervenir à lui payer la somme de
                                        montant des contributions échues d   année 185   , ainsi qu'il résulte d   rôle desdites contributions dont ledit Receveur-Percepteur est porteur, rendu   exécutoire par M. le Préfet du département de la Seine, et publié   conformément aux lois, sans préjudice des termes à échoir et des frais faits et à faire; et pour, en outre , se voir, en cas de contestation, condamner aux dépens, 1   déclarant que Me   , avoué près ledit Tribunal , occupera pour le requérant sur la présente assignation ;

Et j'ai au dit sieur   , en   domicile, et parlant comme il a été dit, laissé copie certifiée sincère et véritable, tant de l'exploit susdaté que du présent, dont le coût est de

Enregistré à Paris, le
Reçu

DÉPARTEMENT
DE LA SEINE.

VILLE DE PARIS.

ᵉ arrondiss. de perception.

M.

RECEVEUR-PERCEPTEUR,

rue

Le bureau est ouvert tous les jours, excepté les dimanches et fêtes, depuis 9 heures du matin jusqu'à 3.

Modèle n° 41.

(Règlem. du 5 août 1851, art. 100.)

CONTRIBUTIONS DIRECTES.

MAINLEVÉE DE SAISIE - ARRÊT.

Je, soussigné, Receveur-Percepteur des contributions directes du   ᵉ arrondissement de perception, donne, par le présent acte, mainlevée pure et simple de la saisie-arrêt faite à ma requête par exploit du

sur M.

entre les mains de M.

En conséquence, je consens à ce que, dès ce jour, M.

paye à M.

toutes les sommes qu'il peut lui devoir.

Fait à Paris, le   185 .

Modèle n° 42.
(Règlem. du 5 août 1851, art. 110.)

TABLEAU GÉNÉRAL

DU

COUT DES DIFFÉRENTS ACTES DE POURSUITES,

RELATIFS

AU RECOUVREMENT DES CONTRIBUTIONS DIRECTES DANS LA VILLE DE PARIS.

NATURE DES ACTES ET INDICATION DES DÉBETS D'APRÈS LESQUELS LEUR COUT EST FIXÉ.	DROITS alloués aux divers agents.	TIMBRE.	ENREGISTRE-MENT.	TOTAL.
	fr. c.	fr. c.	fr. c.	fr.
SOMMATION AVEC FRAIS (Art. 48).				
Pour un débet de 15 fr. et au-dessous	» 15	» »	» »	» »
— au-dessus de 15 fr. jusqu'à 35 fr.	» 25	» »	» »	» »
— au-dessus de 35 fr. jusqu'à 70 fr.	» 50	» »	» »	» »
— au-dessus de 70 fr. jusqu'à 100 fr.	» 75	» »	» »	» »
— au-dessus de 100 fr.	1 »	» »	» »	1
GARNISON COLLECTIVE (Art. 53).				
Pour un débet de 15 fr. et au-dessous	» 25	» »	» »	» »
— au-dessus de 15 fr. jusqu'à 35 fr.	» 50	» »	» »	» »
— au-dessus de 35 fr. jusqu'à 70 fr.	» 75	» »	» »	» »
— au-dessus de 70 fr. jusqu'à 100 fr.	1 »	» »	» »	1
— au-dessus de 100 fr.	1 25	» »	» »	1
GARNISON INDIVIDUELLE (Art. 58).				
Les frais de cette poursuite sont dus, par jour, à raison de	3 »	» »	» »	3
COMMANDEMENT (Art. 62).				
Pour l'original collectif ou individuel, et la copie signifiée à chacun des débiteurs (frais de timbre compris) :				
Pour un débet de 35 fr. et au-dessous	» 80	» »	1 10	1 90
— au-dessus de 35 fr. jusqu'à 70 fr.	1 20	» »	1 10	2 30
— au-dessus de 70 fr. jusqu'à 100 fr.	1 60	» »	1 10	2 70
— au-dessus de 100 fr.	2 40	» »	1 10	3 50
SOMMATION A UN TIERS DÉTENTEUR OU DÉBITEUR DE SOMMES APPARTENANT A UN REDEVABLE ET AFFECTÉES AU PRIVILÉGE DU TRÉSOR (Art. 97).				
Pour l'original et la copie signifiée à la partie :				
Pour un débet de 35 fr. et au-dessous	» 40	» »	» »	» 40
— au-dessus de 35 fr. jusqu'à 70 fr.	» 80	» »	» »	» 80
— au-dessus de 70 fr. jusqu'à 100 fr.	1 20	» »	» »	1 20
— au-dessus de 100 fr.	2 »	» »	» »	2
Lorsqu'il y a plusieurs tiers-détenteurs ou débiteurs, pour chaque copie en sus, 25 centimes.				
SAISIE-ARRÊT (Art. 97).				
(Signifiée suivant les formes du Code de procédure civile.)				
Pour l'original et la copie signifiée au tiers-saisi :				
Pour un débet de 35 fr. et au-dessous	» 40	» 70	1 10	2 20
— au-dessus de 35 fr. jusqu'à 70 fr.	» 80	» 70	1 10	2 60
— au-dessus de 70 fr. jusqu'à 100 fr.	1 20	» 70	1 10	3 »
— au-dessus de 100 fr.	2 »	» 70	1 10	3 80
Lorsqu'il y a plusieurs tiers-saisis, pour chaque copie en sus, 25 centimes.				
(Pour la dénonciation au saisi avec assignation en validité et pour la dénonciation de cette assignation au tiers-saisi, même tarif que pour la saisie-arrêt.)				
SAISIE-EXÉCUTION (Art. 79).				
Pour l'original de l'exploit de saisie, et les copies signifiées tant à la partie qu'au gardien, y compris les frais de témoins :				
Pour un débet de 35 fr. et au-dessous	2 »	» 70	1 10	3 80
— au-dessus de 35 fr. jusqu'à 70 fr.	3 »	» 70	1 10	4 80
— au-dessus de 70 fr. jusqu'à 100 fr.	4 50	» 70	1 10	6 30
— au-dessus de 100 fr.	5 50	» 70	1 10	7 30

NOTA. Il est dû, en outre, au gardien (autre que le saisi), pour chaque jour de *garde effective*, 1 fr. 50 c. pendant les dix premiers jours, et 25 c. pour chacun des jours suivants, sans que, dans aucun cas, ce salaire puisse excéder 18 fr. Il y a lieu aussi, dans ce cas, d'ajouter au montant des déboursés à allouer, 35 c. pour le timbre de la copie au gardien, et 1 fr. 10 c. pour le second droit d'enregistrement.

Si le gardien réclame un autre salaire, ou le remboursement de frais faits, il sera statué sur sa demande par le préfet.

NATURE DES ACTES	DROITS alloués aux divers agents.	TIMBRE.	ENREGISTRE-MENT.	TOTAL.
SAISIE-EXÉCUTION INTERROMPUE (Art. 70).				
Pour l'original de l'exploit de saisie, y compris les frais de témoins :				
Pour un débet de 35 fr. et au-dessous	1 75	» 35	» »	2 10
— au-dessus de 35 fr. jusqu'à 70 fr.	2 50	» 35	» »	2 85
— au-dessus de 70 fr. jusqu'à 100 fr.	3 75	» 35	» »	4 10
— au-dessus de 100 fr.	4 50	» 35	» »	4 85

NATURE DES ACTES ET INDICATION DES DÉBETS D'APRÈS LESQUELS LEUR COUT EST FIXÉ.	DROITS alloués aux divers agents.	TIMBRE.	ENREGISTREMENT.	TOTAL.
	fr. c.	fr. c.	fr. c.	fr. c.
PROCÈS-VERBAL DE RÉCOLEMENT (Art. 80). Il est dû à l'agent de poursuites et aux témoins, les mêmes droits que pour la saisie........	......	......	......	voir ci-contre
SAISIE-BRANDON (Art. 70, 79 et 80). Même tarif que pour la saisie-exécution, moins le salaire des témoins..			°	
PROCÈS-VERBAL D'INSOLVABILITÉ (Art. 85). À l'agent de poursuites administratives ou judiciaires pour la rédaction de cet acte	» 75	» »	» »	» 75
PROCÈS-VERBAL DE CARENCE (Art. 85). À l'agent de poursuites pour la rédaction de cet acte........	» 75	» »	» »	» 75
Aux deux témoins, à raison de 50 c. chacun........	1 »	» »	» »	1 »
Total........	1 75	» »	» »	1 75

ACTES RELATIFS A LA VENTE (Art. 94).

SIGNIFICATION DE VENTE (dans le cas prévu par l'art. 87).

ORIGINAL ET COPIES.

	DROITS alloués aux divers agents.	TIMBRE.	ENREGISTREMENT.	TOTAL.
Pour un débet de 35 fr. et au-dessous........	» 25	» 70	1 10	2 05
— au-dessus de 35 fr. jusqu'à 70 fr........	» 50	» 70	1 10	2 30
— au-dessus de 70 fr. jusqu'à 100 fr........	» 75	» 70	1 10	2 55
— au-dessus de 100........	1 »	» 70	1 10	2 80

(Lorsque le gardien est autre que le saisi, il y a lieu d'ajouter 1 fr. 10 c. pour le second droit d'enregistrement, et, en outre, 0 fr. 35 c. pour le timbre de la deuxième copie quand la garde est effective.)

AUTRES FRAIS CONCERNANT LA VENTE.

	FRAIS d'insertion au journal judiciaire.	RÉDACTION des affiches et du procès-verbal d'affiches.	SALAIRE de l'afficheur.	FRAIS du procès-verbal de récolement.	DROITS alloués aux divers agents.	TIMBRE.	ENREGISTREMENT.	TOTAL.
	fr. c.	fr. c.	fr. c.	fr. c.				
Pour un débet de 35 fr. et au-dessous........	1 50	1 25	1 »	1 25	5 »	» 70	2 20	7 90
— au-dessus de 35 fr. jusqu'à 70 fr.	1 50	2 »	1 »	1 75	6 25	» 70	2 20	9 15
— au-dessus de 70 fr. jusqu'à 100 fr.	1 50	3 »	1 »	2 75	8 25	» 70	2 20	11 15
— au-dessus de 100 fr.	1 50	4 »	1 »	4 »	10 50	» 70	2 20	13 40

(Lorsque le gardien est autre que le saisi, il y a lieu d'ajouter 1 fr. 10 c. pour le second droit d'enregistrement du procès-verbal de récolement.)

DANS LE CAS DU RENOUVELLEMENT PRÉVU PAR L'ART. 96 POUR LES ACTES QUI PRÉCÈDENT,

Leur tarif est, conformément audit article, réglé comme suit :

	FRAIS d'insertion au journal judiciaire.	RÉDACTION des affiches et du procès-verbal d'affiches.	SALAIRE de l'afficheur.	FRAIS du procès-verbal de récolement.	DROITS alloués aux divers agents.	TIMBRE.	ENREGISTREMENT.	TOTAL.
Pour un débet de 35 fr. et au-dessous........	1 »	» 50	» 75	» 75	3 »	» 70	2 20	5 90
— au-dessus de 35 fr. jusqu'à 70 fr.	1 »	» 75	» 75	1 »	3 50	» 70	2 20	6 40
— au-dessus de 70 fr. jusqu'à 100 fr.	1 »	1 »	» 75	1 25	4 »	» 70	2 20	6 90
— au-dessus de 100 fr.	1 »	1 25	» 75	1 50	4 50	» 70	2 20	7 40

(Même observation que celle ci-dessus, pour le cas où le saisi n'est pas constitué gardien.)

LES DROITS DUS AU COMMISSAIRE-PRISEUR POUR LA VENTE SONT RÉGLÉS CONFORMÉMENT A LA LOI DU 18 JUIN 1843 (Art. 95).

	DROITS alloués aux divers agents.	TIMBRE.	ENREGISTREMENT.	TOTAL.
Dans le cas où toutes les dispositions préparatoires ayant été faites, la vente n'a pas lieu par suite de la libération du contribuable, il est alloué au commissaire-priseur, pour droits, frais et déboursés de toute nature........	9 »	» »	» »	9 »

DÉPARTEMENT

DE LA SEINE.

—

VILLE DE PARIS.

Modèle n° 43.
(Règlem. du 5 août 1851, art. 112.)

CONTRIBUTIONS DIRECTES.

—

⁎ arrondiss. de perception.

ÉTAT des sommes qui reviennent aux Porteurs de contraintes administratives pour les frais de sommations et contraintes par voie de garnison collective, notifiés par ces agents et pour les procès-verbaux d'insolvabilité qu'ils ont dressés pendant le mois d   185 .

NOMS des AGENTS.	MONTANT DES FRAIS FAITS.			TOTAL des frais faits.	MOITIÉ		OBSERVATIONS.
	Sommations avec frais	Garnisons collectiv⁎	Procès-verbaux d'insolvabilité.		attribuée aux porteurs de contraintes et répartie entre chacun d'eux à raison du temps pendant lequel ils ont été employés.	réservée pour le fonds commun.	
1	2	3	4	5	6	7	8

CERTIFIÉ le présent état montant à la somme totale de

par moi soussigné, Receveur Percepteur du   e arrondissement de perception.

A Paris, le   185 .

DÉPARTEMENT

DE LA SEINE.

VILLE DE PARIS.

arrondiss. de perception.

Modèle n° 44.

(Règlem. du 3 août 1851, art. 112.

CONTRIBUTIONS DIRECTES.

ÉTAT des Actes de poursuites judiciaires signifiés pendant le mois d   183   , par le sieur

porteur de contraintes

N° D'ORDRE.	ART. DES RÔLES.	NOMS des contribuables.	Procès-verbaux d'insolva-bilité.	MONTANT DES FRAIS.								TOTAL.	MONTANT des FRAIS rejetés.	
				COMMANDEMENTS.		ACTES RELATIFS à la saisie.		ACTES RELATIFS à la vente.		ACTES conservatoires.				
				Hono-raires.	Dé-boursés.	Hono-raires.	Dé-boursés.	Hono-raires.	Dé-boursés.	Hono-raires.	Dé-boursés.		Hono-raires.	Dé-boursés.
1	2	3	4	5	6	7	8	9	10	11	12	13	14	15
		A reporter.												

Nᵒˢ D'ORDRE.	ART. DES RÔLES.	NOMS des contribuables.	MONTANT DES FRAIS.											TOTAL.	MONTANT des FRAIS rejetés.	
			Procès-verbaux d'insolvabilité.	COMMANDEMENTS.		ACTES RELATIFS à la saisie.		ACTES RELATIFS à la vente.		ACTES conservatoires.				Honoraires.	Déboursés.
				Honoraires.	Déboursés.	Honoraires.	Déboursés.	Honoraires.	Déboursés.	Honoraires.	Déboursés.				
1	2	3	4	5	6	7	8	9	10	11	12		13	14	15
		Report..													
		TOTAUX..													
		À déduire frais rejetés....													
		Reste à ordonnancer													

Certifié exact le présent état montant, sauf taxe, à la somme totale de

par moi soussigné, Receveur-Percepteur du   arrondissement de perception.

À Paris, le   185 .

Modèle n° 45.
(Règlem. du 5 août 1851, art. 112.)

DÉPARTEMENT
DE LA SEINE.

VILLE DE PARIS.

° arrondiss. de perception.

M.
RECEVEUR-PERCEPTEUR.

BORDEREAU

Des frais de poursuites faits dans le ° arrondissement de perception de Paris, pendant le mois d 185 .

NATURE DES FRAIS.	FRAIS administratifs.	FRAIS judiciaires.	TOTAL.
1	2	3	4
Actes signifiés par les porteurs de contraintes administratives. 1° Sommations avec frais notifiées pendant le mois, au nombre de .		»	
2° Garnisons collectives notifiées pendant le mois, au nombre de .		»	
3° Procès-verbaux d'insolvabilité dressés pendant le mois, au nombre de .		»	
Actes divers signifiés par les porteurs de contraintes judiciaires au nombre de	»		
Totaux...............			
A déduire le montant des frais non alloués en taxe par le Préfet.....................			
Reste dont le Receveur doit prendre charge comme titre de perception...............			

Certifié exact le présent bordereau s'élevant à la somme de

déduction faite des actes non notifiés.
Paris, le 185 .
Le Receveur-Percepteur,

Vu et arrêté, après taxe, le présent bordereau à la somme de

pour servir de titre de perception au receveur-percepteur du ° arrondissement de perception de Paris.
Paris, le 185 .
Le Préfet du département de la Seine,

DÉPARTEMENT

DE LA SEINE.

VILLE DE PARIS.

Modèle n° 46.

(Règlem. du 5 août 1851, art. 113.)

ÉTAT

Des sommes qui reviennent aux porteurs de contraintes pour les frais résultant des poursuites administratives faites pendant le mois d   185   , en exécution de l'arrêté réglementaire du 5 août 1851.

ARRONDISSEMENTS de perception.	MONTANT des FRAIS FAITS pour sommations, garnisons collectives et procès-verbaux d'insolvabilité.	NOMS des AGENTS	RÉPARTITION DES FRAIS ENTRE LES AGENTS QUI Y ONT DROIT.		TOTAL des SOMMES liquidées au nom de chaque agent.	RETENUES pour le fonds de secours.		RESTE net à payer à chaque agent.	ÉMARGEMENTS pour ACQUIT.
			SOMMES qui leur sont attribuées dans la moitié des frais en raison du temps pendant lequel ils ont été employés.	DISTRIBUTION par parties égales du fonds commun provenant de la seconde moitié des frais.		5 p. 0/0 du salaire mensuel.	1er mois de salaire des suppléants et amendes encourues		
1	2	3	4	5	6	7	8	9	10

ARRONDISSEMENTS de perception.	MONTANT des FRAIS FAITS pour sommations, garnisons collectives et procès-verbaux d'insolvabilité.	NOMS des AGENTS	RÉPARTITION DES FRAIS ENTRE LES AGENTS QUI Y ONT DROIT.		TOTAL des SOMMES liquidées au nom de chaque agent.	RETENUES pour le fonds de secours.		RESTE net à payer à chaque agent.	ÉMARGEMENTS pour ACQUIT.
			SOMMES qui leur sont attribuées dans la moitié des frais en raison du temps pendant lequel ils ont été employés.	DISTRIBUTION par parties égales du fonds commun provenant de la seconde moitié des frais.		5 p. 0/0 du salaire mensuel.	1er mois de salaire des suppléants et amendes encourues		
1	2	3	4	5	6	7	8	9	10
Totaux									

Le receveur central des finances du département de la Seine, certifie le présent état conforme aux bordereaux fournis par les receveurs-percepteurs de Paris, pour le mois d 185 .

A Paris, le   185 .

Nous, préfet du département de la Seine,

Vu l'article 41 de l'arrêté du 5 août 1851, contenant règlement sur les poursuites relatives au recouvrement des contributions directes dans la ville de Paris, qui porte que le montant des frais administratifs signifiés pendant le courant de chaque mois, devra être divisé en deux parties égales, dont la première sera attribuée aux porteurs de contraintes administratives, titulaires et suppléants, en raison du temps pendant lequel ils auront été employés dans chaque arrondissement, et la seconde mise en fonds commun pour être répartie, par portions égales, entre les mêmes agents;

Vu les bordereaux fournis par les receveurs-percepteurs de Paris, pour les frais administratifs faits pendant le mois d

Après avoir fait procéder à la vérification desdits bordereaux,

Arrêtons:

Art. 1er.

Les frais récapitulés dans l'état qui précède sont taxés et liquidés à la somme de

Art. 2.

Sur cette somme, le receveur central des finances de la Seine payera aux agents dénommés audit état, et conformément à la répartition qu'il contient, celle de   et il versera à la caisse des dépôts et consignations celle de   montant de la retenue à exercer au profit du fonds de secours créé en vertu de l'article 40 de l'arrêté précité.

Ces deux sommes formant en total celle sus-mentionnée de   , seront portées en dépense au compte *Poursuites pour le recouvrement des contributions directes*, et allouées au receveur central dans ses comptes, à la charge par lui de rapporter le présent état appuyé d'acquits réguliers.

Fait à Paris, le   185 .

DÉPARTEMENT

DE LA SEINE.

VILLE DE PARIS.

Modèle n° 47.

(Règlem. du 5 août 1851, art. 113.)

ÉTAT des Sommes qui reviennent aux porteurs de contraintes pour les frais résultant des poursuites judiciaires faites pendant le mois d   185 , en exécution de l'arrêté réglementaire du 5 août 1851.

NOMS DES AGENTS.	ARRONDISSEM^{ts} de perception.	MONTANT DES				
		Procès-verbaux d'Insolvabilité.	Commande-ments.	Actes relatifs à la saisie.	Actes relatifs à la vente.	Actes conserva-toires.
1	2	3	4	5	6	7
TOTAUX...........						
A déduire les frais de timbre, d'enregis-trement et autres déboursés.........						
RESTE pour honoraires						
TOTAUX...........						
A déduire les frais de timbre, d'enregis-trement et autres déboursés.........						
RESTE pour honoraires........						
TOTAUX...... ...						
A déduire les frais de timbre, d'enregis-trement et autres déboursés.........						
RESTE pour honoraires.........						

RÉCAPITU

TOTAUX.........						
A déduire les frais de timbre, d'enregis-trement et autres déboursés.........						
RESTE pour honoraires.........						

Le receveur central des finances du département de la Seine certifie le présent
pour le mois de   185 .

AIS FAITS.			TOTAL des SOMMES liquidées au nom de chaque agent.	RETENUES pour le fonds de secours.		RESTE net à payer à chaque agent.	ÉMARGEMENTS pour ACQUIT.
TOTAL.	Rejetés.	Alloués et à ordonnancer.		5 p. 0/0 du salaire mensuel.	1er mois de salaire des suppléants et amendes encourues.		
8	9	10	11	12	13	14	15

TION.

conforme aux bordereaux fournis par les receveurs-percepteurs de Paris,

A Paris, le   185   .

Nous, Préfet du département de la Seine,

Vu l'article 41 de l'arrêté du 5 août 1851, contenant règlement sur les poursuites relatives au recouvrement des contributions directes dans la ville de Paris, qui porte que le montant des frais de poursuites judiciaires sera réparti, après l'expiration de chaque mois, entre les agents qui auront été appelés à exercer ces poursuites en raison des actes notifiés par chacun d'eux;

Vu les bordereaux fournis par les receveurs-percepteurs de Paris, ainsi que les pièces produites à l'appui, à l'effet de constater le nombre, la nature et le coût des actes de poursuites judiciaires faits pendant le mois d   185 ;

Après avoir fait procéder à la vérification des originaux desdits actes, et à la taxe des frais qui en résultent;

ARRÊTONS :

Art. 1er.

Les frais résultant des actes de poursuites judiciaires faits pendant le mois d
            185   , et montant, suivant les bordereaux des receveurs-percepteurs, à la somme totale de   sont taxés et liquidés à celle de

Art. 2.

Sur cette somme, le receveur central des finances de la Seine payera aux agents dénommés au présent état, et conformément à la répartition qu'il contient, celle de   et il versera à la caisse des dépôts et consignations celle de   , montant de la retenue à exercer au profit du fonds de secours créé en vertu de l'article 40 de l'arrêté précité.

Ces deux sommes formant, en total, celle, sus-mentionnée, de   ,
seront portées en dépense au compte *Poursuites pour le recouvrement des contributions directes*, et allouées au receveur central dans ses comptes, à la charge, par lui, de rapporter le présent état appuyé d'acquits réguliers.

Fait à Paris, le   185 .

DÉPARTEMENT

DE LA SEINE.

Modèle n° 48.
(Règlem. du 5 août 1851, art. 111.)

VILLE DE PARIS. *ÉTAT indicatif des agents qui, conformément à la décision ministérielle du 25 juillet 1822, doivent supporter les frais des imprimés servant aux poursuites relatives au recouvrement des contributions directes.*

1	Sommation sans frais...	
2	Contrainte comminatoire..	
3	Registre destiné à l'inscription des sommations avec frais.....	
4	États des contribuables à poursuivre par voie de garnison collective ou individuelle...................................	
5	Mandements délivrés par le receveur-percepteur pour les poursuites à exercer par voie de commandement, saisie, vente, saisie-arrêt, etc..	A la charge du receveur-percepteur.
6	Répertoire pour l'enregistrement, par le receveur-percepteur, des actes de poursuites judiciaires signifiés à sa requête.........	
7	Mainlevée de saisie-arrêt..	
8	État mensuel à fournir, en exécution de l'article 83, pour les certificats d'indigence, procès-verbaux d'insolvabilité et de carence...	
9	États mensuels des frais revenant aux agents de poursuites.....	
10	États mensuels des frais faits destinés à servir de titres de perception au receveur percepteur,...............................	
11	États mensuels récapitulant les frais faits par les divers receveurs-percepteurs..	A la charge du recev. central.
12	Sommation avec frais... Bulletin de garnison collective................................. Originaux et copies de commandements.................... Saisies, ventes, affiches, actes conservatoires, etc.............. Procès-verbaux d'insolvabilité et de carence..................	A la charge des agents de poursuites qui les auront signifiés.

TABLE DES MODÈLES.

ANNEXES.

Extrait du Code de procédure civile.

TITRE VII.

DES SAISIES-ARRÊTS OU OPPOSITIONS.

Art. 557. Tout créancier peut, en vertu de titres authentiques ou privés, saisir-arrêter entre les mains d'un tiers les sommes et effets appartenant à son débiteur, ou s'opposer à leur remise.

Art. 558. S'il n'y a pas de titre, le juge du domicile du débiteur, et même celui du domicile du tiers saisi, pourront, sur requête, permettre la saisie-arrêt et opposition.

Art. 559. Tout exploit de saisie-arrêt ou opposition, fait en vertu d'un titre, contiendra l'énonciation du titre et de la somme pour laquelle elle est faite : si l'exploit est fait en vertu de la permission du juge, l'ordonnance énoncera la somme pour laquelle la saisie-arrêt ou opposition est faite, et il sera donné copie de l'ordonnance en tête de l'exploit.

Si la créance pour laquelle on demande la permission de saisir-arrêter n'est pas liquide, l'évaluation provisoire en sera faite par le juge. L'exploit contiendra aussi élection de domicile dans le lieu où demeure le tiers saisi, si le saisissant n'y demeure pas, le tout à peine de nullité.

Art. 560. La saisie-arrêt ou opposition entre les mains de personnes non demeurant en France sur le continent ne pourra point être faite au domicile des procureurs du roi; elle devra être signifiée à personne ou à domicile.

Art. 561. La saisie-arrêt ou opposition formée entre les mains des receveurs, dépositaires ou administrateurs de caisses ou deniers publics, en cette qualité, ne sera point valable si l'exploit n'est fait à la personne préposée pour le recevoir, et s'il n'est visé par elle sur l'original, ou, en cas de refus, par le procureur du roi.

Art. 562. L'huissier qui aura signé la saisie-arrêt ou opposition sera tenu, s'il en est requis, de justifier de l'existence du saisissant à l'époque où le pouvoir de saisir a été donné, à peine d'interdiction, et des dommages et intérêts des parties.

Art. 563. Dans la huitaine de la saisie-arrêt ou opposition, outre un jour pour trois myriamètres de distance entre le domicile du tiers saisi et celui du saisissant, et un jour pour trois myriamètres de distance entre le domicile de ce dernier et celui du débiteur saisi, le saisissant sera tenu de dénoncer la saisie-arrêt ou opposition au débiteur saisi, et de l'assigner de validité.

Art. 564. Dans un pareil délai, outre celui en raison des distances, à compter du jour de la demande en validité, cette demande sera dénoncée, à la requête du saisissant, au tiers saisi, qui ne sera tenu de faire aucune déclaration avant que cette dénonciation lui ait été faite.

Art. 565. Faute de demande en validité, la saisie ou opposition sera nulle : faute de dénonciation de cette demande au tiers saisi, les paiements par lui faits jusqu'à la dénonciation seront valables.

Art. 566. En aucun cas il ne sera nécessaire de faire précéder la demande en validité par une citation en conciliation.

Art. 567. La demande en validité et la demande en mainlevée formée par la partie saisie seront portées devant le tribunal du domicile de la partie saisie.

Art. 568. Le tiers saisi ne pourra être assigné en déclaration, s'il n'y a titre authentique, ou jugement qui ait déclaré la saisie-arrêt ou l'opposition valable.

Art. 569. Les fonctionnaires publics dont il est parlé à l'article 561 ne seront point assignés en déclaration ; mais ils délivreront un certificat constatant s'il est dû à la partie saisie, et énonçant la somme, si elle est liquide.

Art. 570. Le tiers saisi sera assigné, sans citation préalable en conciliation, devant le tribunal qui doit connaître de la saisie ; sauf à lui, si sa déclaration est contestée, à demander son renvoi devant son juge.

Art. 571. Le tiers saisi assigné fera sa déclaration et l'affirmera au greffe, s'il est sur les lieux ; sinon, devant le juge de paix de son domicile, sans qu'il soit besoin, dans ce cas, de réitérer l'affirmation au greffe.

Art. 572. La déclaration et l'affirmation pourront être faites par procuration spéciale.

Art. 573. La déclaration énoncera les causes et le montant de la dette ; les payements à compte, si aucuns ont été faits ; l'acte ou les causes de libération, si le tiers saisi n'est plus débiteur, et, dans tous les cas, les saisies-arrêts ou oppositions formées entre ses mains.

Art. 574. Les pièces justificatives de la déclaration seront annexées à cette déclaration ; le tout sera déposé au greffe, et l'acte de dépôt sera signifié par un seul acte contenant constitution d'avoué.

Art. 575. S'il survient de nouvelles saisies-arrêts ou oppositions, le tiers saisi les dénoncera à l'avoué du premier saisissant, par extrait contenant les noms et élection de domicile des saisissants, et les causes des saisies-arrêts ou oppositions.

Art. 576. Si la déclaration n'est pas contestée, il ne sera fait ucune procédure, ni de la part du tiers saisi, ni contre lui.

Art. 577. Le tiers saisi qui ne fera pas sa déclaration ou qui ne fera pas les justifications ordonnées par les articles ci-dessus, sera déclaré débiteur pur et simple des causes de la saisie.

Art. 578. Si la saisie-arrêt ou opposition est formée sur effets mobiliers, le tiers saisi sera tenu de joindre à sa déclaration un état détaillé desdits effets.

Art. 579. Si la saisie-arrêt ou opposition est déclarée valable, il sera procédé à la vente et distribution du prix, ainsi qu'il sera dit au titre de la distribution par contribution.

Art. 580. Les traitements et pensions dus par l'État ne pourront être saisis que pour la portion déterminée par les lois ou par les règlements et ordonnances royaux.

Art. 581. Seront insaisissables, 1° les choses déclarées insaisissables par la loi ; 2° les provisions alimentaires adjugées par justice ; 3° les sommes et objets disponibles déclarés insaisissables par le testateur ou donateur ; 4° les sommes et pensions pour aliments, encore que le testament ou l'acte de donation ne les déclare pas insaisissables.

Art. 582. Les provisions alimentaires ne pourront être saisies que pour cause d'aliments ; les objets mentionnés aux n°s 3 et 4 du précédent article pourront être saisis par des créanciers postérieurs à l'acte de donation ou à l'ouverture du legs, et ce en vertu de la permission du juge, et pour la portion qu'il déterminera.

TITRE VIII.

DES SAISIES-EXÉCUTIONS.

Art. 583. Toute saisie-exécution sera précédée d'un commandement à la personne ou au domicile du débiteur, fait au moins un jour avant la saisie, et contenant notification du titre s'il n'a déjà été notifié.

Art. 584. Il contiendra élection de domicile jusqu'à la fin de la poursuite, dans la commune où doit se faire l'exécution, si le créancier n'y demeure, et le débiteur pourra faire à ce domicile élu toutes significations, même d'offres réelles et d'appel.

Art. 585. L'huissier sera assisté de deux témoins, Français, majeurs, non parents ni alliés des parties ou de l'huissier jusqu'au degré de cousin issu de germain inclusivement, ni leurs domestiques ; il énoncera sur le procès-verbal leurs noms, professions et demeures : les témoins signeront l'original et les copies. La partie poursuivante ne pourra être présente à la saisie.

Art. 586. Les formalités des exploits seront observées dans les procès-verbaux de saisie-exécution ; ils contiendront itératif commandement, si la saisie est faite en la demeure du saisi.

Art. 587. Si les portes sont fermées, ou si l'ouverture en est refusée, l'huissier pourra établir gardien aux portes pour empêcher le divertissement : il se retirera sur-le-champ, sans assignation, devant le juge de paix, ou, à son défaut, devant le commissaire de police, et dans les communes où il n'y en a pas, devant le maire, et, à son défaut, devant l'adjoint, en présence desquels l'ouverture des portes, même celle des meubles fermants, sera faite au fur et à mesure de la saisie. L'officier qui se transportera ne dressera point de procès-verbal, mais il signera celui de l'huissier, lequel ne pourra dresser du tout qu'un seul et même procès-verbal.

Art. 588. Le procès-verbal contiendra la désignation détaillée des objets saisis : s'il y a des marchandises, elles seront pesées, mesurées ou jaugées, suivant leur nature.

Art. 589. L'argenterie sera spécifiée par pièces et poinçons, et elle sera pesée.

Art. 590. S'il y a des deniers comptants, il sera fait mention du nombre et de la qualité des espèces ; l'huissier les déposera au lieu établi pour les consignations, à moins que le saisissant et la partie saisie, ensemble les opposants, s'il y en a, ne conviennent d'un autre dépositaire.

Art. 591. Si le saisi est absent, et qu'il y ait refus d'ouvrir aucune pièce ou meuble, l'huissier en requerra l'ouverture ; et s'il se trouve des papiers, il requerra l'apposition des scellés par l'officier appelé pour l'ouverture.

Art. 592. Ne pourront être saisis, 1° les objets que la loi déclare immeubles par destination ; 2° le coucher nécessaire des saisis, ceux de leurs enfans vivant avec eux, les habits dont les saisis sont vêtus et couverts ; 3° les livres relatifs à la profession du saisi, jusqu'à la somme de 300 francs, à son choix ; 4° les machines et instruments servant à l'enseignement pratique ou exercice des sciences et arts, jusqu'à concurrence de la même somme, et au choix du saisi ; 5° les équipements des militaires, suivant l'ordonnance et le grade ; 6° les outils des artisans nécessaires à leurs occupations personnelles ; 7° les farines et menues denrées nécessaires à la consommation du saisi et de sa famille pendant un mois ; 8° enfin une vache, ou trois brebis, ou deux chèvres, au choix du saisi, avec les pailles, fourrages et grains nécessaires pour la litière et la nourriture desdits animaux pendant un mois.

Art. 593. Lesdits objets ne pourront être saisis pour aucune créance, même celles de l'État, si ce n'est pour aliments fournis à la partie saisie, ou sommes dues aux fabricants ou vendeurs desdits objets, ou à celui qui aura prêté pour les acheter, fabriquer ou réparer ; pour fermages et moissons des terres à la culture desquelles ils sont employés ; loyers des manufactures, moulins, pressoirs, usines dont ils dépendent, et loyers des lieux servant à l'habitation personnelle du débiteur.

Les objets spécifiés sous le n° 2 du précédent article ne pourront être saisis pour aucune créance.

Art. 594. En cas de saisie d'animaux et ustensiles servant à l'exploitation des terres, le juge de paix pourra, sur la demande du saisissant, le propriétaire et le saisi entendus ou appelés, établir un gérant à l'exploitation.

Art. 595. Le procès-verbal contiendra indication du jour de la vente.

Art. 596. Si la partie saisie offre un gardien solvable, et qui se charge volontairement et sur-le-champ, il sera établi par l'huissier.

Art. 597. Si le saisi ne présente gardien solvable et de la qualité requise, il en sera établi un par l'huissier.

Art. 598. Ne pourront être établis gardiens, le saisissant, son conjoint, ses parents et alliés jusqu'au degré de cousin issu de germain inclusivement, et ses domestiques; mais le saisi, son conjoint, ses parents, alliés et domestiques pourront être établis gardiens, de leur consentement et de celui du saisissant.

Art. 599. Le procès-verbal sera fait sans déplacer ; il sera signé par le gardien en l'original et la copie ; s'il ne sait signer, il en sera fait mention, et il lui sera laissé copie du procès-verbal.

Art. 600. Ceux qui, par voie de fait, empêcheraient l'établissement du gardien, ou qui enlèveraient et détourneraient des effets saisis, seront poursuivis conformément au Code d'instruction criminelle.

Art. 601. Si la saisie est faite au domicile de la partie, copie lui sera laissée, sur-le-champ, du procès-verbal, signée des personnes qui auront signé l'original. Si la partie est absente, copie sera remise au maire ou adjoint, ou au magistrat qui, en cas de refus de portes, aura fait faire ouverture, et qui visera l'original.

Art. 602. Si la saisie est faite hors du domicile et en l'absence du saisi, copie lui sera notifiée dans le jour, outre un jour pour trois myriamètres ; sinon les frais de garde et le délai pour la vente ne courront que du jour de la notification.

Art. 603. Le gardien ne peut se servir des choses saisies, les louer ou prêter, à peine de privation des frais de garde et de dommages-intérêts, au payement desquels il sera contraignable par corps.

Art. 604. Si les objets saisis ont produit quelques profits ou revenus, il est tenu d'en compter, même par corps.

Art. 605. Il peut demander sa décharge, si la vente n'a pas été faite au jour indiqué par le procès-verbal, sans qu'elle ait été empêchée par quelque obstacle, et, en cas d'empêchement, la décharge peut être demandée deux mois après la saisie, sauf au saisissant à faire nommer un autre gardien.

Art. 606. La décharge sera demandée contre le saisissant et le saisi, par une assignation en référé devant le juge du lieu de la saisie ; si elle est accordée, il sera préalablement procédé au récolement des effets saisis, parties appelées.

Art. 607. Il sera passé outre, nonobstant toutes réclamations de la part de la partie saisie, sur lesquelles il sera statué en référé.

Art. 608. Celui qui se prétendra propriétaire des objets saisis ou de partie d'iceux, pourra s'opposer à la vente par exploit signifié au gardien, et dénoncé au saisissant et au saisi, contenant assignation libellée, et l'énonciation des preuves de propriété, à peine de nullité. Il y sera statué par le tribunal du lieu de la saisie, comme en matière sommaire.

Le réclamant qui succombera sera condamné, s'il y échet, aux dommages et intérêts du saisissant.

Art. 609. Les créanciers du saisi, pour quelque cause que ce soit, même pour loyers, ne pourront former opposition que sur le prix de la vente ; leurs oppositions en contiendront les causes ; elles seront signifiées au saisissant et à l'huissier ou autre officier chargé de la vente, avec élection de domicile dans le lieu où la saisie est faite, si l'opposant n'y est pas domicilié : le tout à peine de nullité des oppositions, et des dommages et intérêts contre l'huissier, s'il y a lieu.

Art. 610. Le créancier opposant ne pourra faire aucune poursuite, si ce n'est contre la partie saisie, et pour obtenir condamnation ; il n'en sera fait aucune contre lui, sauf à discuter les causes de son opposition lors de la distribution des deniers.

Art. 611. L'huissier qui, se présentant pour saisir, trouverait une saisie déjà faite et un gardien établi, ne pourra pas saisir de nouveau ; mais il pourra procéder au récolement des meubles et effets sur le procès-verbal, que le gardien sera tenu de lui représenter ; il saisira les effets omis, et fera sommation au premier saisissant de vendre le tout dans la huitaine ; le procès-verbal de récolement vaudra opposition sur les deniers de la vente.

Art. 612. Faute par le saisissant de faire vendre dans le délai ci-après fixé, tout opposant ayant titre exécutoire pourra, sommation préalablement faite au saisissant, et sans former aucune demande en subrogation, faire procéder au récolement des effets saisis, sur la copie du procès-verbal de saisie, que le gardien sera tenu de représenter, et de suite à la vente.

Art. 613. Il y aura au moins huit jours entre la signification de la saisie au débiteur et la vente.

Art. 614. Si la vente se fait à un jour autre que celui indiqué par la signification, la partie saisie sera appelée, avec un jour d'intervalle, outre un jour pour trois myriamètres en raison de la distance du domicile du saisi, et du lieu où les effets seront vendus.

Art. 615. Les opposants ne seront point appelés.

Art. 616. Le procès-verbal de récolement qui précédera la vente ne contiendra aucune énonciation des effets saisis, mais seulement de ceux en déficit, s'il y en a.

Art. 617. La vente sera faite au plus prochain marché public, aux jour et heure ordinaires des marchés, ou un jour de dimanche : pourra néanmoins le tribunal permettre de vendre les effets en un autre lieu plus avantageux. Dans tous les cas, elle sera annoncée un jour auparavant par quatre placards au moins, affichés, l'un au lieu où sont les effets, l'autre à la porte de la maison commune, le troisième au marché du lieu, et, s'il n'y en a pas, au marché voisin ; le quatrième à la porte de l'auditoire de la justice de paix ; et, si la vente se fait dans un lieu autre que le marché ou le lieu où sont les effets, un cinquième placard sera apposé au lieu où se fera la vente. La vente sera, en outre, annoncée par la voie des journaux, dans les villes où il y en a.

Art. 618. Les placards indiqueront les lieu, jour et heure de la vente, et la nature des objets, sans détail particulier.

Art. 619. L'apposition sera constatée par exploit, auquel sera annexé un exemplaire du placard.

Art. 620. S'il s'agit de barques, chaloupes et autres bâtiments de mer, du port de dix tonneaux et au-dessous, bacs, galiottes, bateaux et autres bâtiments de rivières, moulins et autres édifices mobiles assis sur bateaux, ou autrement, il sera procédé à leur adjudication sur les ports, gares ou quais où ils se trouvent ; il sera affiché quatre placards au moins, conformément à l'article précédent, et il sera fait, à trois divers jours consécutifs, trois publications au lieu où sont lesdits objets : la première publication ne sera faite que huit jours au moins après la signification de la saisie. Dans les villes où il s'imprime des journaux, il sera suppléé à ces trois publications par l'insertion qui sera faite au journal, de l'annonce de ladite vente, laquelle annonce sera répétée trois fois dans le cours du mois précédant la vente.

Art. 621. La vaisselle d'argent, les bagues et joyaux de la valeur de 300 francs au moins, ne pourront être vendus qu'après placards apposés en la forme ci-dessus, et trois expositions, soit au marché, soit dans l'endroit où sont lesdits effets, sans que néanmoins, dans aucun cas, lesdits objets puissent être vendus au-dessous de leur valeur réelle, s'il s'agit de vaisselle d'argent, ni au-dessous de l'estimation qui en aura été faite par des gens de l'art, s'il s'agit de bagues et joyaux. Dans les villes où il s'imprime des journaux, les trois publications seront suppléées comme il est dit en l'article précédent.

Art. 622. Lorsque la valeur des effets saisis excédera le montant des causes de la saisie et des oppositions, il ne sera procédé qu'à la vente des objets suffisant à fournir la somme nécessaire pour le payement des créances et frais.

Art. 623. Le procès-verbal constatera la présence ou le défaut de comparution de la partie saisie.

Art. 624. L'adjudication sera faite au plus offrant, en payant comptant : faute de payement, l'effet sera revendu sur-le-champ à la folle enchère de l'adjudicataire.

Art. 625. Les commissaires-priseurs et huissiers seront personnellement responsables du prix des adjudications, et feront mention, dans leurs procès-verbaux, des noms et domicile des adjudicataires ; ils ne pourront recevoir d'eux aucune somme au-dessus de l'enchère, à peine de concussion.

TITRE IX.

DE LA SAISIE DES FRUITS PENDANTS PAR RACINES, OU DE LA SAISIE-BRANDON.

Art. 626. La saisie-brandon ne pourra être faite que dans les six semaines qui précéderont l'époque ordinaire de la maturité des fruits ; elle sera précédée d'un commandement, avec un jour d'intervalle.

Art. 627. Le procès-verbal de saisie contiendra l'indication de chaque pièce, sa contenance et sa situation, et deux au moins de ses tenants et aboutissants, et la nature des fruits.

Art. 628. Le garde champêtre sera établi gardien, à moins qu'il ne soit compris dans l'exclusion portée par l'article 598 ; s'il n'est présent, la saisie lui sera signifiée ; il sera aussi laissé copie au maire de la commune de la situation, et l'original sera visé par lui.

Si les communes sur lesquelles les biens sont situés sont contiguës ou voisines, il sera établi un seul gardien, autre néanmoins qu'un garde champêtre : le visa sera donné par le maire de la commune du chef-lieu de l'exploitation ; et s'il n'y en a pas, par le maire de la commune où est située la majeure partie des biens.

Art. 629. La vente sera annoncée par placards affichés, huitaine au moins avant la vente, à la porte du saisi, à celle de la maison commune, et, s'il n'y en a pas, au lieu où s'apposent les actes de l'autorité publique ; au principal marché du lieu, et s'il n'y en a pas, au marché le plus voisin, et à la porte de l'auditoire de la justice de paix.

Art. 630. Les placards désigneront les jour, heure et lieu de la vente, les noms et demeures du saisi et du saisissant, la quantité d'hectares et la nature de chaque espèce de fruits, la commune où ils sont situés, sans autre désignation.

Art. 631. L'apposition des placards sera constatée ainsi qu'il est dit au titre des saisies-exécutions.

Art. 632. La vente sera faite un jour de dimanche ou de marché.

Art. 633. Elle pourra être faite sur les lieux ou sur la place de la commune où est située la majeure partie des objets saisis.

La vente pourra aussi être faite sur le marché du lieu, et s'il n'y en a pas, sur le marché le plus voisin.

Art. 634. Seront, au surplus, observées les formalités prescrites au titre des saisies-exécutions.

Art. 635. Il sera procédé à la distribution du prix de la vente, ainsi qu'il sera dit au titre de la distribution par contribution.

Loi du 12 novembre 1808,

Relative au privilége du trésor public pour le recouvrement des contributions directes.

Art. 1er. Le privilége du Trésor public, pour le recouvrement des contributions directes, est réglé ainsi qu'il suit, et s'exerce avant tout autre :

1° Pour la contribution foncière de l'année échue et de l'année courante, sur les récoltes, fruits, loyers et revenus des biens immeubles sujets à la contribution ;

2° Pour l'année échue et l'année courante des contributions mobilière, de portes et fenêtres, des patentes et de toute autre contribution directe et personnelle, sur tous les meubles et autres effets mobiliers appartenant aux redevables, en quelque lieu qu'ils se trouvent.

Art. 2. Tous fermiers, locataires, receveurs, économes, notaires, commissaires-priseurs et autres dépositaires et débiteurs de deniers provenant du chef des redevables, et affectés au privilége du Trésor public, seront tenus, sur la demande qui leur en sera faite, de payer, en l'acquit des redevables et sur le montant des fonds qu'ils doivent ou qui sont en leurs mains, jusqu'à concurrence de tout ou partie des contributions dues par ces derniers. Les quittances des percepteurs pour les sommes légitimement dues leur seront allouées en compte.

Art. 3. Le privilége attribué au Trésor public pour le recouvrement des contributions directes ne préjudicie point aux autres droits qu'il pourrait exercer sur les biens des redevables, comme tout autre créancier.

Art. 4. Lorsque, dans le cas de saisie de meubles et autres effets mobiliers pour le payement des contributions, il s'élèvera une demande en revendication de tout ou partie desdits meubles et effets, elle ne pourra être portée devant les tribunaux ordinaires qu'après avoir été soumise, par l'une des parties intéressées, à l'autorité administrative, aux termes de la loi du 5 novembre 1790.

Extrait de la loi du 5 novembre 1790.

(Voir, à la suite de la présente loi, l'avis du conseil d'État du 23 août 1823.)

Art. 13. Toutes actions en justice, principales, incidentes ou en reprise, qui seront intentées par les corps administratifs, le seront au nom du procureur général-syndic du département, poursuite et diligence du procureur-syndic du district, et ceux qui voudront en intenter contre ces corps, seront tenus de les diriger contre ledit procureur général-syndic.

Art. 14. Il ne pourra être intenté aucune action par le procureur général-syndic, qu'ensuite d'un arrêté du directoire du département, pris sur l'avis du directoire du district, à peine de nullité et responsabilité, excepté pour les objets de simple recouvrement.

Art. 15. Il ne pourra en être exercé aucune contre ledit procureur général-syndic, en sadite qualité, par qui que ce soit, sans qu'au préalable on ne se soit pourvu par simple mémoire, d'abord au directoire du district, pour donner son avis, ensuite au directoire du département, pour donner une décision, aussi à peine de nullité. Les directoires de district et de département statueront sur le mémoire dans le mois, à compter du jour qu'il aura été remis, avec les pièces justificatives, au secrétariat du district, dont le secrétaire donnera son récépissé, et dont il fera mention sur le registre qu'il tiendra à cet effet. La remise et l'enregistrement du mémoire interrompront la prescription, et dans le cas où les corps administratifs n'auraient pas statué à l'expiration du délai ci-dessus, il sera permis de se pourvoir devant les tribunaux.

Art. 16. Les frais qui seront légitimement faits par les directoires de département et de district, dans la suite du procès, passeront dans la dépense de leurs comptes.

Avis du conseil d'Etat, en date du 28 août 1823, approuvé par le ministre des finances,

Sur la marche à suivre par les préfets qui plaident au nom de l'Etat, et par les particuliers qui plaident contre lui.

Le conseil d'Etat, sur le renvoi fait par monseigneur le garde des sceaux des questions suivantes, résultant d'une lettre adressée à sa grandeur par son excellence le ministre des finances, le 2 mai 1823 :

1° Si avant d'intenter ou de soutenir des actions dans l'intérêt de l'Etat, les préfets doivent y être autorisés par les conseils de préfecture, ou s'ils ne doivent pas du moins prendre leur avis;

2° Si les particuliers qui se proposent de plaider contre l'Etat sont obligés de remettre préalablement à l'autorité administrative un mémoire expositif de leur demande, et si ce mémoire doit être remis au préfet ou au conseil de préfecture.

SUR LA PREMIÈRE QUESTION.

Considérant qu'aux termes de l'article 14 de la loi du 5 novembre 1790 et de l'article 13 de celle du 25 mars 1791, les procureurs généraux-syndics de département, et les commissaires du gouvernement qui les ont remplacés, ne pouvaient suivre les procès qui concernent l'Etat sans l'autorisation des directoires de département ou des administrations centrales qui leur ont été substituées;

Que cette disposition était une conséquence du système d'alors, qui plaçait, dans les autorités collectives, l'administration tout entière, et réduisait les procureurs généraux-syndics et les commissaires du gouvernement à de simples agents d'exécution, qui ne pouvaient agir qu'en vertu d'une délibération ou autorisation;

Mais que cet état de choses a été changé par la loi du 28 pluviôse an VIII, qui dispose, art. 3, que le préfet est chargé seul de l'administration, et statue, par cela même qu'il peut seul, sans le concours d'une autorité secondaire, exercer les actions judiciaires qui le concernent en sa qualité d'administrateur;

Que d'ailleurs l'article 4 de la même loi, qui détermine les fonctions des conseils de préfecture, leur attribue la connaissance des demandes formées par les communes pour être autorisées à plaider; que cet article ni aucun autre ne soumet à leur autorisation, ni à leur examen ou avis, les procès que les préfets doivent intenter ou soutenir.

SUR LA DEUXIÈME QUESTION.

Considérant qu'aux termes de l'article 15 de la loi du 5 novembre 1790, les particuliers qui se proposaient de former une demande contre l'Etat, devaient en faire connaître la nature par un mémoire qu'ils étaient tenus de remettre au directoire du département avant de se pourvoir en justice;

Que cette disposition, utile à toutes les parties en cause, puisqu'elle a pour objet de prévenir les procès ou de les concilier s'il est possible, n'a été abrogée explicitement ni implicitement par la loi du 28 pluviôse an VIII;

Mais que le mémoire dont parle cet article doit être remis au préfet, qui est chargé seul d'administrer et de plaider, et non au conseil de préfecture qui n'a reçu de la loi aucune attribution à cet égard;

Est d'avis que : 1° dans l'exercice des actions judiciaires que la loi leur confie, les préfets doivent se conformer aux instructions qu'ils recevront du gouvernement, et que les conseils de préfecture ne peuvent sous aucun rapport connaître de ces actions;

2° Que, conformément à l'art. 15 de la loi du 5 décembre 1790, nul ne peut intenter une action contre l'Etat, sans avoir préalablement remis à l'autorité administrative le mémoire mentionné en cet article 15;

Et que ce mémoire doit être adressé, non au conseil de préfecture, mais au préfet, qui statuera dans le délai fixé par la loi.

Extrait du décret du 18 août 1807,

Qui prescrit des formalités pour les saisies-arrêts ou oppositions entre les mains des receveurs ou administrateurs de caisses ou de deniers publics.

Art. 1er. Indépendamment des formalités communes à tous les exploits, tout exploit de saisie-arrêt ou opposition entre les mains des receveurs, dépositaires ou administrateurs de caisses ou de deniers publics, en cette qualité, exprimera clairement les noms et qualités de la partie saisie, il contiendra, en outre, la désignation de l'objet saisi.

Art. 2. L'exploit énoncera pareillement la somme pour laquelle la saisie-arrêt ou opposition est faite ; il sera fourni, avec copie de l'exploit, auxdits receveurs, caissiers ou administrateurs, copie ou extrait en forme du titre du saisissant.

Art. 3. A défaut, par le saisissant, de remplir les formalités prescrites par les articles 1 et 2 ci-dessus, la saisie-arrêt ou opposition sera regardée comme non avenue.

Art. 4. La saisie-arrêt ou opposition n'aura d'effet que jusqu'à concurrence de la somme portée en l'exploit.

Art. 5. La saisie-arrêt ou opposition formée entre les mains des receveurs, dépositaires ou administrateurs de caisses ou de deniers publics, en cette qualité, ne sera point valable si l'exploit n'est fait à la personne préposée pour le recevoir, et s'il n'est pas visé par elle sur l'original, ou, en cas de refus, par le procureur impérial près le tribunal de première instance de leur résidence, lequel en donnera de suite avis aux chefs des administrations respectives.

Art. 6. Les receveurs, dépositaires ou administrateurs, seront tenus de délivrer, sur la demande du saisissant, un certificat qui tiendra lieu, en ce qui les concerne, de tous autres actes et formalités prescrits, à l'égard des tiers saisis, par le titre XX du livre III du Code de procédure civile.

S'il n'est rien dû au saisi, le certificat l'énoncera ;

Si la somme due au saisi est liquide, le certificat en déclarera le montant ;

Si elle n'est pas liquide, le certificat l'exprimera.

Art. 7. Dans le cas où il serait survenu des saisies-arrêts ou oppositions sur la même partie et pour le même objet, les receveurs, dépositaires ou administrateurs, sont tenus, dans les certificats qui leur seront demandés, de faire mention desdites saisies-arrêts ou oppositions, et de désigner les noms et élections de domicile des saisissants, et les causes desdites saisies-arrêts ou oppositions.

Art. 8. S'il survient de nouvelles saisies-arrêts ou oppositions depuis la délivrance d'un certificat, les receveurs, dépositaires ou administrateurs seront tenus, sur la demande qui leur en sera faite, d'en fournir un extrait contenant pareillement les noms et élections de domicile des saisissants et les causes desdites saisies-arrêts ou oppositions.

Art. 9. Tout receveur, dépositaire ou administrateur de caisses ou de deniers publics entre les mains duquel il existera une saisie-arrêt ou opposition sur une partie prenante, ne pourra vider ses mains sans le consentement des parties intéressées, ou sans y être autorisé par justice.

Art. 10. Notre Grand-juge, Ministre de la Justice, et nos Ministres des Finances et du Trésor public, sont chargés, chacun en ce qui le concerne, de l'exécution du présent décret.

Imprimerie de Paul Dupont, rue de Grenelle-Saint-Honoré, n° 45, à Paris.

ARRÊTÉ

RELATIF

A LA FORMATION D'UN FONDS DE SECOURS

EN FAVEUR

Des anciens agents de poursuites du département de la Seine, de leurs veuves et de leurs orphelins.

———

Nous, Représentant du peuple, Préfet,

Vu notre arrêté de ce jour, portant règlement sur les poursuites en matière de contributions directes dans la ville de Paris, notamment les articles 39 et 40, ainsi conçus :

Art. 39. « Les porteurs de contraintes administratives, les por-
« teurs de contraintes judiciaires et les suppléants sont révoqués
« ou mis à la réforme par le préfet, sur la proposition du rece-
« veur central.

« Ce comptable peut aussi les suspendre ou leur infliger des
« amendes à titre de mesure disciplinaire. Lorsque la suspension
« doit excéder un mois, il en est rendu compte au préfet. Les
« amendes ne peuvent être moindres de trois francs, ni supé-
« rieures à vingt-cinq. »

Art. 40. « Il sera formé un fonds de secours au profit :

« 1° Des agents de poursuites du département de la Seine qui
« seraient ou auraient été réformés à raison de leur âge ou de
« leurs infirmités ;

« 2° Des veuves et des orphelins des agents de poursuites qui
« auraient appartenu à ce département.

« Ce fonds de secours sera alimenté au moyen de retenues
« exercées sur le salaire des agents et du produit des amendes
« qu'ils auront encourues.

« Les bases d'après lesquelles les retenues seront opérées, le
« mode de répartition des fonds et autres mesures d'exécution
« seront réglés par un arrêté du préfet, concerté avec le receveur
« central et approuvé par le ministre des finances. »

Vu les propositions du receveur central,

Arrêtons :

Art. 1er. Le fonds de secours, dont la formation est prescrite par l'article 40 ci-dessus visé, sera alimenté au moyen :

1° D'une retenue de 5 p. % sur le salaire dès agents de poursuites de la ville de Paris et de la banlieue ;

2° De la retenue du premier mois de salaire des suppléants qui seront nommés à l'avenir;

3° Du produit des amendes qui seront prononcées en vertu de l'article 39 susmentionné.

Art. 2. Le montant des retenues et des amendes sera versé, chaque mois, par le receveur central à la caisse des dépôts et consignations, en compte courant productif d'intérêts.

Art. 3. Les secours accordés consisteront, soit en une allocation une fois faite, soit en une allocation susceptible d'être renouvelée.

Art. 4. Un conseil de famille, composé de quatre agents de poursuites, sera appelé à donner son avis sur les demandes de secours. Ces demandes nous seront ensuite transmises par le receveur central avec ses observations, pour être statué ce qu'il appartiendra.

Les membres du conseil de famille seront désignés chaque année par nous, sur la proposition du receveur central.

Le conseil de famille sera présidé par le receveur central ou par son représentant.

Art. 5. Le payement des secours ainsi alloués sera ordonnancé par nous sur la caisse des dépôts et consignations, d'après la demande qui en sera faite par le receveur central.

Art. 6. Les agents de poursuites démissionnaires ou révoqués n'ont droit à aucun secours et ne peuvent, dans aucun cas, prétendre à la restitution des retenues qu'ils auront subies.

Art. 7. Le présent arrêté sera soumis à l'approbation de M. le ministre des finances et sera exécutoire à partir du 1er octobre 1851.

Art. 8. Ampliation dudit arrêté sera adressée à M. le receveur central, qui est chargé de pourvoir à son exécution.

Fait à Paris, le 5 août 1851.

Signé : BERGER.

Approuvé :

Le garde des sceaux, chargé par intérim
du département des finances,

Signé : E. ROUHER.